高鸣 著

# 零成本的幸福生活



文匯出版社

**图书在版编目（CIP）数据**

零成本的幸福生活/高鸣著．—上海：文汇出版社，2011.11

ISBN 978-7-5496-0326-8

Ⅰ.①零… Ⅱ.①高… Ⅲ.①随笔－作品集－中国－当代 Ⅳ.①I267.1

中国版本图书馆CIP数据核字（2011）第216314号

# 零成本的幸福生活

著作权人／高　鸣
责任编辑／吴　斐
装帧设计／刘　啸
责任校对／潘家荣　俞　正

出版发行／文匯出版社
上海市威海路755号
（邮政编码200041）
印刷装订／苏州华美教育印刷厂
版　　次／2011年11月第1版
印　　次／2011年11月第1次印刷
开　　本／787×1092　1/16
字　　数／80千
印　　张／11.75
印　　数／1-10000

ISBN 978-7-5496-0326-8
定　　价／39.00元

# 自　序

高鸣

## 思想方法就是生活质量

我的这本书是谈思想方法的，谈思想方法和生活质量之间的关系。生活质量是人类永恒的追求，可是与生活质量息息相关的思想方法，人们似乎并不在意。

为了高质量的生活，人们很是在意物质财富和知识，千方百计让自己富起来，不惜代价让子女上大学，这本不错，物质财富是生活的基础，知识既是力量，又是精神生活所必需的。问题是，面对生活，光有物质和知识是远远不够的，如果没有好的思想方法，就处不好错综复杂的人和事，就难以快乐和幸福。2011 年 6 月 7 日被处决的药家鑫，书读到大学，家庭经济条件也不差，就因为其思想方法有问题，致使他在开车撞人犯错以后不是尽力抢救弥补错误，反而杀人犯罪。

有人说，伟人的伟大，是性格的伟大。在我看来，伟人的伟大，是思想方法的伟大。毛泽东说过这样一句话："在战略上藐视敌人，在战术上重视敌人。"这句话充分体现了他老人家正确的思想方法，要是倒过来，"在战略上重视敌人，在战术上藐视敌人"，那不吃败仗才怪呢！可见，思想方法是比武器更重要的"武器"，在相当大的程度上决定着胜负。思想家梁漱溟有句名言："成功是机遇，失败是我的错。"只有具备了正确思想方法的人，才能说出如此富有哲理的话来。在这种思想方法的指导下，胜利了，不会冲昏头脑，沾沾自喜，失败了，不会怨天尤人，而会吸取教训，以利再战。

思想方法至关重要，她是一把万能钥匙，可以解开人生中各式各样的锁，帮助我们解决这样那样的问题，最大限度地舍去我们不要的东西，得到我们所需要的东西，从而快乐和幸福。可惜我们的家庭，我们的学校，我们的社会，对此并不重视，我们重术而轻道，重形而轻神，重表而轻本。常听人坦诚自己智商不高能力差，从未听过有人说自己思想方法有问题。实际上，人与人之间，智商和能力的差距是相当有限的，真正的差距恰恰是人的思想方法。

同样一个世界，不同思想方法的人对她有不同的感受和理解，对人对事有良好的判断，是处好人事的先决条件。怎样才能做到这一点，关键是要完整和本质地看问题。完整和本质地看问题，就是好的思想方法。有了好的思想方法，就离高质量的生活不远了。

关系到幸福的思想方法是软件，不是硬件，拥有她无需实际投入，所以是零成本的。

什么叫思想方法，如何完整和本质地看问题，既是一个理论问题，又是一个实践问题，本书试图以八十七篇来自生活的议论文，聊以说明点滴。企望读者诸君对思想方法感兴趣，进而喜欢《零成本的幸福生活》这本书。

# 女儿的话

高韵冽

## 如果幸福可以计算

市面上关于“幸福”这个话题的书很多。也难怪，幸福跟爱情一样，看不见，摸不着，但是每个人，对幸福都有那么点若有若无的感觉，心中充满着各色各样的向往。于是，关于幸福的讨论如同关于爱情的讨论，延绵不休，从古到今。

谈幸福已经不是一个新鲜的话题，要谈出新意，绝非易事。

父亲高鸣勇敢地挑战这个高难度动作，在此，首先对他的勇气表示敬意。

郎咸平先生说过，为什么大部分优秀的中餐馆没法量产？因为顾客吃的是某个大师傅的手艺，这个师傅的手艺没有经过系统化分解成若干道工序，那么换个人，油多倒一点，盐少放一点，味道就全都不对劲。郎咸平先生的意思很明白：工业生产要上规模有效率，规则、系统、流程是关键。

回到幸福这个话题。貌似因人而异的幸福是不是也有她内在的规则、系统和流程？父亲高鸣认为她有的。这点有新意。

幸福是什么？我认为，从实践的角度出发，幸福，就是在自身条件和可利用资源一定的情况下，选取“性价比”最高的生活。

最近一期《人物周刊》以钱锺书杨绛夫妇为封面，纪念这对近代中国文坛最有分量的学者夫妇。杨绛先生如今已经一百岁了，在经历了民国、建国、“文革”直至改革开放诸多历史动荡之后，她充分向我们展示了一个优秀学者的人生观、价值观、幸福观。人的际遇有好有坏，这中间有很多非人力可为的客观因素，比如政治浪潮，很多人在“文革”选择自杀或是不作为，钱锺书杨绛选择不发言但是继续从事学术研究，这在当时的环境下，无疑是最有利于自己生存和发展的路。改革开放后，一部电视剧《围城》，让钱锺书从一个鲜为人知的学者变成了一个明星，各路粉丝蜂拥而至，清高的钱锺书没有因为各种“不情之请”而成为媒体喧哗的主角，而是继续在他们的一方寸土内过着清淡的生活，每天看书、写字，无他。对于钱锺书这样百年一遇的天才，创作才是他最核心的力量和最应该做的事，发通告赶场子乃娱乐人士所为。钱锺书先生对自己的生活方式有清醒的认识和坚定的选择。

幸福问题归根结底是一个选择问题。这是幸福的基本规则。

钱锺书杨绛太远，太伟大，他们的幸福选择对我们参考意义有限。那么，我们如何才能做出“性价比”最高的选择呢？就是说，通过怎样的系统和流程，才能选到我们所能经历的最大的幸福？这是所有人关心的问题，也是《零成本的幸福生活》这本书的主要内容。

《零成本的幸福生活》通过列举八十多个生活细节，道尽了父亲高鸣自认为最高“性价比”的生活选择，以及这些选择背后的逻辑，即他的思想方法。

读完这八十多个故事，我仿佛看到了一把尺，它可以丈量现实，聪明地指出眼下这块“布”是做一套西装更划算，还是做一件长衫更合理。

有一位哲人总结过，为什么我们的社会科技文明比人文文明进步得更快？因为科技问题是有“标准答案”的。人们总是愿意在有标准答案的问题上投注更多的精力，因为这更容易得到认同和成功。

幸福，这个人文文明的最高奋斗目标，因为长期没有“标准答案”而没有人真正细究和总结。甚至，很多人认为，幸福根本就没有“标准答案”。父亲高鸣大胆地为幸福设定了若干标准答案。对他的勇气，再次表示敬意。

人类的发展让我们对规律越来越有信心，DNA 分解了人体生物性的规律，天文地理学家一个个破解大自然的规律。我们当然有理由相信，幸福也有她的规律和流程。

如果幸福可以像电脑数据一样被计算，那我们都会得高分。父亲高鸣似乎已经掌握了他自己的计算方法。

# 中产阶级的下午茶

## ——读高鸣《零成本的幸福生活》有感

阮夕清

这是高鸣的第三本书。他之前有过一本在望子成龙望女成凤的家长间引起轰动的《精养女儿》，如果你恰巧读了《精养女儿》，又读了《零成本的幸福生活》，就会发现，这两本书有着千丝万缕的关系，互为呼应，又各发一枝。前者是对下一代的成长思考，而新作《零成本的幸福生活》则是对自身的，当下的，精确说更是此刻的感悟和生活最真实肌里的解剖。下一代太远，只争朝夕。下一代太小，只争自己。

在表面上看，八十七篇文笔优美的思想性随笔，给出了八十七个看问题的新角度。原来习惯淡淡平视的我们，受他的启发，忽然发现原来生活中的这些事情还能仰看、卧看、从高处往下看、聚精会神看、倒退着看，或者索性忽略不看。对诸多事件事物的多重视角相互交叉，由点而线，由线而面，继而在我们眼中铺陈了一个中年知识分子或民间思想分子的价值观。这些价值观可以从以下篇目窥测：《要短信，也要写信》、《国人的英文名》、《“给力”现象》、《讲理和利益》、《举报信》……也能从这些文字中得鉴：“在国内工作的白领，平时接触的多为同种同语的中国人，为何也要取一个英文名呢？我有点理解不了。问女儿，女儿告诉我，那些白领一方面有点崇洋媚外，一方面身为白领有点优越感，为了靠近西洋人，又区别于土里土气的蓝领、农民和无职业者，故取个英文名，作为自己的一种包装和品牌。”（《国人的英文名》）“世界上各种各样的资源都是有限的，这就决定了利益是有限的，在有限的利益面前谦让，人们就会多一些和谐。而理，是无限的，人们将理传递给别人，自己并不会因此而少了一些。所以，讲理是零成本的，讲得越多越好，哪怕“广种薄收”也好。”（《讲理和利益》）。

传统、兼爱、置疑、独特，是高鸣价值观的几个关键词，如果说传统和兼爱是每个民间思想分子都有的思想底色，那置疑和独行无疑是打着鲜明的“高鸣标签”的，他置疑守株待兔似的人生（《不买彩票》），置疑人是否一定要因环境而改变自己的习惯（《入乡随俗问题》），置疑消极的谦虚（《提倡好为人师》），而《反对体育比赛》和《不放鞭炮》等篇章则是高鸣独特的生活观的与君同思，他就像一套生活思想版的《十万个为什么》，用一个中产阶级或成功人士的思想困惑来提问，以带有个人思辨光芒的生活感悟来解答。

《精养女儿》解答了教育，《零成本的幸福生活》更为宽广地解答了人生。而读过八十七篇随笔再来回想本书的题目，零成本的幸福生活究竟是什么？该如何得到？那原先浮于阅读表面的单篇独章立刻便汇拢起来，浩浩荡荡地形成一本“词典”，厚厚的一本，只解释“零成本幸福”这五个闪光汉字的词典。

高鸣用这本词典的诸多睿智来提倡：人们应该过一种复式生活。即生活不仅是此时此地此事，更应该有一种高于此时此地此事的精神观照，除了世俗生活，更应该有一种精神生活。如果说，工作、衣食住行、为生存境遇奋斗是单式生活的全部，那么，思维乐趣和精神追求就构成了与单式生活平行的另一种生活，在这种生活中，幸福不需要成本。它是为生活奔波者停下脚步享受的一刻清风，也是中产阶级午后的一杯红茶，快生活，慢思考，这样人生才不会如白驹过隙，有了精神生活的调味，日常的幸福才会显得更加有理有据，有滋有味。

# 目　　录

# 1. 国人的英文名

时下的中国人，有那么一些，除了出生时父母给取的名字，还自己给自己取了一个英文名。有英文名的，主要集中在两个群体：一是移民国外的和在国外读书的，一是在国内做白领工作的年轻人。

移民国外，或在国外读书，取一个英文名，大有实用的意思，方便与外国人交流，融入新的环境。在国内工作的白领，平时接触的多为同种同语的中国人，为何也要取一个英文名呢？我有点理解不了。问女儿，女儿告诉我，那些白领一方面有点崇洋媚外，一方面身为白领有点优越感，为了靠近西洋人，又区别于土里土气的蓝领、农民和无职业者，故取个英文名，作为自己的一种包装和品牌。

我蛮同意女儿对取英文名的白领的心理分析的。同时，我对生长在中国的土地上，而又取了英文名的人，产生了深深的同情和惋惜。同情和惋惜什么呢？其一，在国内，大凡取英文名的，大多学历不低，也算学过不少知识的人，怎么就不懂——英文名对其毫无价值和意义，既无虚名可获，又无实利可图。其二，取个英文名，本想和境遇不如自己的人区别开来，不料无意间把自己和比自己思想境界高级的人也一分为二了，因为在思想境界高级的人看来：我早已有了自己有生以来的名字，这个名字全球通用，一点不比什么英文名低级，无需多此一举取个英文名。你看看，在中国，有几个政治家、思想家、科学家、文学家，既有中国名，又有英文名的？

国人的英文名，又一次证明了一条定律：人群的两端，往往在形式上有其一致性。农民、工人不取英文名，成名成家的人不取英文名，只有中间状态的白领才取英文名。在那个穿喇叭裤的年代，不三不四的小流氓敢穿喇叭裤，思想解放的知识分子敢穿喇叭裤，中间状态的良家妇女、良家男子不好意思穿喇叭裤之类的奇装异服。由此可见，常常如此：当你在形式上和低端不一样的同时，也在和高端保持了距离。

## 2. 喝亲友的喜酒

我是一个反对形式主义的人，在我看来，不管什么样的喜酒，什么寿酒，什么满月酒，什么婚礼酒，纯属多余，不喝也罢。不喝寿酒，不影响长寿；不喝满月酒，照样健康成长；不喝婚礼酒，依然是合法夫妻。基于这样的理念，我是感情到位了就登记，办了法律手续就是结婚，根本没想到还要办一个多此一举的婚礼，忙碌了自己，又麻烦亲朋好友。

可我知道，自己结婚不办喜酒可以，别人最多说这个人特立独行，不会破坏人际关系。然而，要是亲友办喜酒邀请到自己，假若不去，那就不太好，那就不礼貌，那就不近人情，那就会成为孤家寡人，那就会扫了别人的兴，因此，别人的喜酒，除了实在去不了，我倒总是逢邀必到的。我以为，自己不喜欢办喜酒而不办喜酒，是尊重自己，别人喜欢办喜酒又邀请了自己，我欣然而去，是尊重别人。

说实在的，每每出席亲友的喜酒席，对我来说总有一点勉为其难的味道，其难不在送礼，其难是那约两小时酒宴的无聊：食品太多不好吃，同桌无话半句多，时间过长空消耗。在此情况下，一走了之不礼貌，坐等结束无耐心。怎么办呢？我的方法是，开吃十分钟便溜出去游玩，一个小时后再返回。酒店在市中心，就去新华书店看书，酒店在农村，就到田野里去转转。书店也好，田野也罢，不亦乐乎。

我这样喝亲友的喜酒，蛮双赢的，既给了亲友面子，又不委屈自己。要特别注意的是，中场离席的时间要控制好，不能离席后玩兴太浓“乐不思蜀”，到回席时已席散人去。2009 年底，出席婚宴的我席间跑去百草园书店看书，被瞿秋白《多余的话》迷住，以致归席时酒席已散。为此，我至今对我那个新婚的远亲过意不去。

## 3. 旅游不带相机

我年少时颇喜照相，常在风和日丽的周日相约几个好友去风景区照相留影，晚上还在自制的暗室里冲洗、放大照片，其乐无穷。记得写过一篇有关照相的随笔，题目叫《照相有感》，大体意思是说，不同角度照出来的景物不一样，由此联想到，看社会要多角度，不能只见阴暗面，不见光明面，或者反之。

随着岁月的流逝，照相的乐趣慢慢消退了。回想起来，年轻时喜爱照相，也许跟我当时比较自恋不无关系。那个年代的我，满脑子政治、文学和理想，一脸的正气和“革命”，自我感觉挺英俊的。故而乐于拍照留影，记录真实的自己。进入中年以后，有点不喜欢自己的外貌了，生理的变化损坏了部分形象倒还在其次，更重要的是，中年的我时逢中国进入市场经济，关注的东西更杂了，脑子里除了我热衷的政治、文学和革命理想，多了一些经济和人情世故。人的内心世界是会通过眼神和面部表情暴露无遗的。如今，照镜自看，感觉自己的气质文人不像文人，商人不像商人，有一种说不出来的味道。对于这样的形象，我已不再自恋。不再自恋，对于照相也就不那么喜爱了。前年笔者出版新书《精养女儿实验报告》，书中自选的照片还是二十三岁时当报社记者时拍摄的。

因为不那么喜欢给自己照相了，所以外出旅游我从不带相机。不带相机有一个大好处，就是可以比较专心地观赏风景。我发现，那些带了相机的游人，每到一个景点，心不在观景，倒是一门心思在找景，以便拍摄下来，让自己留在“景中”，而全无了当下欣赏的乐趣。我常想，与其如此，还不如买几张风景明信片，那上面的风景必定更加美丽的。要是觉得自己不在景中有遗憾，旁边可写上某年某月某日某人在此风景中。

旅游，通常是和朋友或同事一起前往的，我自己旅游不带相机，却发现别人几乎人人带了个相机，有的甚至还带上了摄像机。朋友和同事总是热心的多，每到一景，总有别人主动提出为我照个相。此时，我总是乐于接受，一来留个影不自恋也无妨，毕竟立此存照算是好事，二来受惠于人，利于加深人际感情。别人一举我两得，何乐而不受之？

# 4. 背后不言人非

我是一个喜欢交流的人，常和朋友喝茶聊天，聊政治、聊经济、聊文化，聊聊有情趣，聊聊还能增加脑子里的信息量，增长知识，活跃思维。喝茶聊天，不失为一种健康活动。

可是，世界上没有绝对的好事，喝茶聊天也如此。比如，聊着聊着，有的人会把话题转到说别人的闲话上去，其中有的是道听途说的“坏消息”，有的是与说者相处中的不愉快内容，总而言之，是背后言人非。

我是有点讨厌背后言人非的，每当听到背后言人非的声音，我不是婉转批评之，就是把话题引开，以结束言人非。细细想来，背后言人非确实问题多多。问题之一，人总是有优点有缺点，有是有非的，我们只有把注意力放在别人的长处，才能学到一点什么，有利于自己的进步。而言人非，其实是损人不利己的。问题之二，所言人非，或因那些道听途说不确切，或因说者自己的主观片面性，往往不真实，容易以讹传讹。问题之三，因为被言非之人不在场，你说他，你批评他，甚至你造他的谣恶意攻击他，他无法为自己辩护，所以不公平。问题之四，即使背后所言的人之非确实无误，一旦传到那个人的耳朵里，结果也不好。人心总是宁愿接受当面批评，也不高兴背后被人说坏话的，第一反应是反感，是逆反。反感加逆反，就会产生矛盾，坏了人际感情。

## 4. 背后不言人非

真正的敌人是不多的，敌人往往是自己创造出来的。背后言人非，不小心就在创造敌人。“背后闻听知心话”，让多愁善感的林黛玉也笑了起来。喝茶闲聊，还是聊大事好，还是谈天说地好，还是少说身边的人好，要说身边的人，就多说正面的，多说人家的是，别说别人的非。

## 5. 换　车

只要你是有车一族，你是免不了要换车的，所以换不换车不是问题，问题是换什么样的车。据我的观察，有两种情形比较普遍：一是在差不多同价位的车种当中换，此类人一般是白领和公务员，因为他们的收入不大可能突飞猛进，要从低价位的车换成高价位的车，客观上有点行不通。二是车子的价位越换越高，排量越换越大，此类人一般是商人和企业老板，因为随着生意做大，随着企业办大，他们口袋里的钱与日俱增，赚了大钱怎么花？换辆好车似乎是首选。有没有车越换越差的呢？好像百里不能挑一，即使有，往往也是企业亏损了，生意做砸了，无可奈何之举。

在换车的人群中，我是一个例外，是一个另类。记得从上个世纪90年代中期有了第一辆私家车以来，我先后换过三次车。前两次是越换越好，原因倒不是我把开好车看成是一种享受，也不是想以此炫耀什么，完全是因为前些年由于工作需要，我常要开车上高速公路，在高速路上车开得快，一旦出车祸后果不堪设想，为了尽量减少风险，开一辆价位高一点、安全系数高一点的车是一种选择。可今年起，也由于工作的原因，我出差的频次降低了，另外，近些年火车动车发展迅速，我越来越少自己开车上高速公路了。也就是说，好车安全的功能对我来说退去了许多。于是我新近决策，将原来的高档车换成了中档车，一则可以省下一笔购车费，二则可以省掉一笔汽油费，再则可以响应国家低排放环保的号召。

据说，男人有一个 3+1 面子工程：一块好的手表、一条好的皮带、一双好的皮鞋加一辆高档汽车。对此，我是不以为然的。我带的手表是一块三十元的假的欧米茄，用的皮带是一条女儿用旧废弃的，穿的鞋是普通的布鞋。现在开的车，也是仅十万元的伊兰特。和那 3+1 面子工程恰恰相反，只有这样，我才觉得有面子。

说一句题外话，毛泽东一生中有许多照片，我最欣赏的一张是——毛泽东在延安窑洞门口照的那张照片。照片上的毛泽东，穿着朴素，朴素得像个农民，可看上去是那样的大智大慧，那样的神采飞扬，那样的超凡脱俗，那样的伟大！

## 6. 听　歌

有了卡拉 OK，我才知道，唱歌是几乎人人可以学会的一门艺术，像我这样不仅五音不全，连一句也唱不起来的人，这个世界上差不多要绝灭了。

不会唱歌，不等于不去卡拉 OK 厅，因为难免会有朋友拉着一起去，于是我就随大流跟着去，但去而不唱，只是听。不会唱歌的人可能听歌也是门外汉，听不出门道来，因此也就少了许多听歌的快乐。不过既来之，则安之，在歌厅傻坐也不是个味儿，于是我就三分钟不离本行，每当别人高歌一曲时，我就凭着当过报社编辑的职业习惯，推敲起歌词来，倒也或者认同，或者忍不住想批评几句，从中找到了些许乐趣。

有首歌叫《选择》，叶倩文唱得好不好，我不敢评说，但其歌词我是赞赏的。我始终以为，爱情是一种选择，就像歌词中唱的："我选择了你，你选择了我。"而不是生活中有些人说的那样："爱情是缘分。"我以为，"说爱情是选择"，是一种积极的态度，说"爱情是缘分"，是消极的，有一点听天由命的味道。面对严肃而伟大的爱情，积极地去找，积极地去选择，尚且不一定有理想的结果，如果消极以待，那就更加危险。

还有一首歌叫《月亮代表我的心》，我是连这首歌的歌名都不喜欢的，我的心月亮怎能代表得了呢？是满月代表我的心，还是那弯弯的月亮代表我的心？我想，只有行动可以代表我的心吧，所谓“忠不忠看行动”。这首歌的歌词还有这么一句：“轻轻的一个吻，已经打动我的心。”这句话的潜台词是：“轻轻的一个吻是微不足道的，是简简单单的，是随便可以给予的。”果真如此吗？非也。吻，其实是感情的最高形式。曾在一部小说里看到一个妓女对自己的男友说：“我只给客人身体，而我的吻，只给唯一的你！”可见，其他的一切是不足以打动恋人之心的，唯有吻。我真有点担心，我们的少男少女在听了《月亮代表我的心》，把吻看轻了，以致随随便便就给了人。

所以我想，一首歌，不仅要好听，还要好看，所谓好看，就是要有好的歌词，好的文字。

# 7. 开车变道

我是一个路盲。路盲开车变道多，因为不识方向，到了交通指示牌下一看不对，赶紧变道。这个时候变道，常常是违反交通规则的。违反了交通规则，通常是三种结果：一种是上无探头，路无警察，侥幸而过；一种是路无警察，但上有探头，于是过后罚款；再一种是，上无探头，但下有警察，会被警察拦下……

被警察拦下，也有两种结果：一种是罚款了结；一种是批评教育几句，不罚款而放行。我因违规变道，曾被警察拦下几次，罚过几次款，可好像触动不大，只有一种小小倒霉的感觉，还有一种我违规你罚款，我们两清了的感觉。倒是有一次在苏州，我同样因违规变道被一位女警察叫停，正在我掏钱准备交罚款时，那位女警察微笑着对我说，罚款就免了，可我要教育你几句，她认真地对我说："违规变道是很危险的，因为你后面的车缺乏对你变道的准备，所以容易追尾撞车，这方面的事故屡有发生，你以后一定要注意啊！"当下，我被批评得心服口服，还真有点不好意思，受了深深的触动，从此，在十字路口发现错了方向，我宁愿多开一点冤枉路，也不再违规变道了。

今天听江苏新闻广播，听到这样一条新闻：某市人大代表提案，建议交通警察发现违反交通规则者，能以教育为主，不要一味以罚代教。是啊，罚款只是一种手段而已，真正的目的还在于教育人，如果直接通过讲道理能够解决的问题，是没有必要一定罚那个款的。其实，和风细雨式的教育和开导，往往比处罚的效果更好。要是全国的马路上多一些上述苏州女警察，我们这个社会一定更加和谐。

新近有媒体报道，在欧洲，先在个别小镇取消马路上的红绿灯，结果交通秩序反而改善，交通事故反而减少。有人说，小镇可以不要红绿灯，但城市不行。后来又在一些小城市做取消红绿灯的试点，效果同样的好。以此欧洲人得出结论，不能低估了人们维护交通秩序的觉悟和能力。当然，在眼下的中国都市里，要取消马路上的红绿灯，似乎行不通。但是欧洲给了我们启发，行人、开车人的自觉，对于交通秩序的重要性，绝不亚于红绿灯和一条又一条的交通规则。所以，重教育轻处罚，不光是一个技术问题，更是一个理念问题。

# 8. 挑西瓜

我是很喜欢吃西瓜的，一是因为其甜，二是因为其水分多。买西瓜有一个挑西瓜的问题，挑得不好，西瓜或太熟，或还生着呢，均不好吃，好的西瓜是生熟正当时又新鲜的那种。西瓜由谁来挑，又是一个问题。我发现，生活中买家自己挑的居多，只见他们一手托着一个瓜放在耳边，一手在瓜上敲，一副内行状，反反复复，最后还是将信将疑地选定，究竟选择成功的把握有几分，当时唯有天知道，只有回去切开亲口尝一尝才见分晓。

挑西瓜也是一门小学问，不过我是懒得去学的，因为我会依赖卖瓜的人。卖西瓜的人，不是瓜农，便是瓜商，吃什么饭，当什么心，这两类人十有八九是懂得挑瓜的，他们往往有这方面的一技之长。所以，买瓜自己挑不如请卖瓜的人帮着挑，胜算必定多几成的，为什么不?

2003 年，江苏人民广播电台在上海新设记者站，派我去当记者。记者站马路对面正好有个水果摊，经营者为一对中年夫妇。记得第一次去那里买西瓜，我请“老板娘”替我挑一个，只见她左挑右拣很是用心，一称，十八元。我随即付了二十元，并连声道谢，说另两元是付的小费，奖励她为我卖力挑选。她也谢过了我。回到家切开一吃，果然味道好极了。从此，我在上海买西瓜必选那一家夫妻老婆店，挑西瓜必定请店主代劳。不过，他们再不肯收我的“选瓜费”了。一来二往，买卖双方还成了朋友。有时我去买西瓜，女店主会跟我说：“店里的西瓜已不新鲜，下午会进货，到时我让我先生替你送过去。”有时我不买瓜，只是路经这个水果摊，店主会递上一个苹果什么的，说送你尝个鲜。你看，多好的买卖关系啊！

以我几十年生活经历的感受，人群中还是善良的人多，就是商人，也是诚信的多。诚然，社会风气不尽如人意，但我们不能见到一些恶人，就把大多数人都看扁了，不能碰上几个奸商，就断定无商不奸。经商，也是一种生存方式，商人，也是整个社会不可或缺的。你不经商，不等于你的亲朋好友不经商，不等于你的子孙后代不经商，我们还是要以友善的态度去看待和对待商人，这样多数的商人也会以同样的态度去看待和对待他的服务对象的。

回到题目上来。我以为，挑西瓜如果不让卖家——“行家”代劳，简直是一种资源浪费。要知道，人的技能也是一种社会资源，我们不让他人尽其才是很可惜的。再说了，你让他替你挑，还可以体现你对他的信任。人总是乐于被人信任的，相互信任就有了感情的基础，人与人就和谐了，这就是让人挑西瓜，除了自己省力，还有更深远的伟大意义。

# 9. 陪妻女购衣

陪妻子和女儿去商场买衣服，是可以增进和她们的感情的，可也是一件苦差事，一则转来转去腿累，二则商场里的空气大多不理想。有没有两全其美的办法呢？有的，那就是选定一家个体服装店。个体服装店面积小，走不累，又可以找个椅子坐下来，还有空气一般也不会差。

不知哪年哪月，妻子和女儿在无锡市健康路上选定了一家叫做“方兴”的个体服装店，从此成为忠诚客户，一年到头买的衣服，90% 购于这家小店。去酒店吃饭，我夫人不喜欢常在一家酒店吃，喜欢换酒店换口味。“方兴”服装店何以有此魔力将她“留住”？带着好奇，有一次，我特意陪妻女前往购衣。细察之下，这家店的留客之道终于了然。总结起来有三条：一是热情而不强推。客人进门，店主热情招呼，邀坐送茶；客人挑衣，店主不厌其烦；客人不买，店主决不推销。二是当好参谋。女店主帮助客人挑选，帮助客人搭配——上衣如何配下衣，围巾如何配衣服，帽子如何配脸型……一选一配之间，尽显艺术功底，十有八九能让客人笑纳。不过，也有这样的情形，客人一时满意了，女店主若以为不妥，反劝客人别买，诚信可见一斑。三是陪聊。店主夫妇颇有文化，又关心社会事务，因此能和客人聊政治，谈股票，讲民情。有此三条，客人在这里既能买到合适的衣服，又能愉悦身心。所以，这家普普通通的个体服装店，倒也门庭若市，其乐融融。

常听人说，服装店难开，说难就难在服装有季节性，说难就难在每个人身高胖瘦不一，所以进的货容易因过季而积压，因尺寸不同而销不出去。俗话说，没有不好的行业，只有不好的企业。上述服装店之难，并不是难哪一家的，为什么有的在难中关门了，有的在难中只能勉强生存，有的如“方兴”，却可以活得好好的呢？还是事在人为。优于别人，则胜；劣于别人，则败。这是定律。

## 10. 看牙医

谁说牙痛不是病？我牙痛，一查，牙周炎；我牙痛，一查，蛀牙。牙痛就是病。

去一家国有大医院看牙病，医生说："你的牙周炎十分严重，已不可收拾；你的蛀牙已无用，需拔掉装假牙。"我没听医生的，拖着。

几个月前，和一个新交的朋友一起喝茶，朋友见我牙痛，推荐我去找一名好牙医看看，名叫房永兴，是无锡市朝阳口腔医院的主任医生。我第二天就慕名去了，果然名不虚传。先说我的牙周炎，那家大医院说已不可收拾，房医生说小有问题，只需悉心护理，大可改观，言辞上就给了病人安慰和信心。再说我的那颗蛀牙，那家大医院说要拔掉，房医生说拔之可惜，还是修补为好。拔牙装假牙，费用几千元，而护牙、修牙加补牙，合起来只要几百元。而且，保住的是"原始牙"，比之再好的假牙，总是"牙自己的好"。

是不是因为有朋友介绍，房医生和他所在的医院才对我这个病人格外关照呢？不是的。经观察，房医生们对前来就医的病人，一律以贵宾待之：以礼相迎，仔细诊断，以护、修、补为主，不得已才拔牙。给我的感觉是，这里的牙医对客人的牙，比客人本人还重视，除了认真负责地看病，还反反复复给你讲护牙的重要性和各种具体方法，还拿出登在报上的有关护牙知识的文章给客人看，并用模型做示范，教会客人如何刷牙，怎样护牙。听说过这样的事：有些补轮胎的，为了多做生意，故意在路上放些钢钉，让过路的汽车“破胎”，以逼其前来补胎。这是一种典型的损人利己行为。无锡市朝阳口腔医院恰恰相反，他们宁愿少做生意，宁愿把生意做小，也要把病人的利益放在首位。事实上，这样一来，也许在每一个病人身上少赚了，但因为他们想病人所想，急病人之急，结果慕名而来者众，不大不小的医院常常排起了队，客人看牙非预约不可。这倒也薄利多销，和客人双赢了。

要让国有医院向这家医院学习恐怕很难，因为不是自己的医院，他们没有那种积极性。遗憾的是，别的一些民营医院以眼前小利为重的似也不在少数，医患关系也不甚理想，结果是要和病人两败俱伤的。

在一些发达国家，比较流行每家每户有自己的医生，有小病，定点定人诊疗，有大病才去医院。自从看了牙医，结识了房永兴这样的好医生，我深有体会：该交几个医生朋友，这样对自己的身体实在益处多多。

# 11. 读书沙龙

无锡有个读书沙龙，我有幸参与其中。这个沙龙人不多，就八个，每月活动一次。活动内容主要有二：一为交流读书心得，二为相互推荐好书。

易中天新近出了一本书，书名叫《我山之石》。圈内人所读略同，沙龙内八个人居然均读过此书。这下热闹了，大家交流起来个个有话要说。真是“凡有人群的地方，都有左、中、右”，在中国向何处去的问题上，八个人分成了四派：有人主张老庄哲学——顺其自然，无所作为；有人主张孔孟之道——以德治国；有人主张法家那一套——以法治国；也有人主张墨子的学说——以理治国。辩来辩去，谁也说服不了谁，可喜的是，各人都听到了不同的声音，吸收了别人的一些营养。

现今的中国，出书成风，有人戏说“眼下写书的人比读书的人多”。书多，自然有利于选择，但因为太多，有时候也难于选择。好在有个读书沙龙，朋友甲读了一本好书，立马在沙龙里推荐；朋友乙见了一本好书，会替人代购，或购书送人。这就省了一些选书的时间，多了一些获得好书的机会。

人，是群体动物，可又人以群分，这就是说，人喜欢和自己相像的人聚在一起。沙龙的功能就是聚同类人的，同类人在一起说话投机千句少，有情有趣心舒畅，取长补短进步大。

由无锡的读书沙龙，我想到了苏州的杂文沙龙，常州的绘画沙龙，扬州的古琴沙龙，以及其他种种文化沙龙。在太平盛世，文化沙龙总是应运而生，多一些这样的沙龙，沙龙里多一些人，无论对一个参与其中的人，还是对整个社会，实在是一件有积极意义的事情。

## 12. 表扬别人

我喜欢写杂文批评不良的社会现象，可我又喜欢当面表扬身边的人。人说，好孩子是表扬出来的。我发现，成年人也是需要表扬的，成年人受了表扬，会从一时的好变成长久的好，会从小好变成大好，最后成为一个好人。

吃过晚饭，我习惯做三件事：散步、喝茶、读书。常去无锡湖滨饭店喝茶，一是这里环境优美，二是这里的服务员待客如亲人。比如说吧，服务员见我吃自带的带壳的零食，且弄脏了台布和地面，不是批评和阻止，而是微笑地送上盆子和毛巾。感动之余，我总不忘表扬几句在身边工作的服务生。每每这个时候，总能换来对方更加愉悦的笑容，而且获得更加周到的服务。见我在喝茶，她会勤添开水；见我在读书，她会把灯光调亮；见我想写字，她会递上几张稿纸。

我喜欢写，但不会电脑打字，所以我手写完以后，只能求助于公司的文员帮我打字，帮我发邮件。这个时候，我常常不忘表扬为我工作的人聪明能干，使得他们很开心，工作起来更来劲。

有朋友对我说，服务员为你服务，是你消费花了钱，员工为你工作，是你给他们发了工资，他们的所作所为，属于正常范围，天经地义，有什么表扬的必要呢？我说，假如是机器人为我服务或工作，我就不谢也不表扬了，正因为是人，人是有情感的，有情感的人在工作中是用心的，而不仅仅是根据设置好的程序，所以我该有感恩之心，该说说表扬别人的话，以温暖别人的心，以鼓励别人更加用心地工作，而不是“任务观点”——做一天和尚撞一天钟，马虎了事。

人做事，不仅仅是为了生存，也是为了得到社会的认可。表扬，就是一种认可。我想，没有人不在乎别人的表扬吧，那么好，我们就先养成表扬别人的习惯吧！

# 13. 多吃一只蟹

金秋时节，正是稻黄蟹肥时。蟹肥，请客便是上品。一桌十个人，常常会端上十一只。每人一只，十人十只，这最后一只谁吃？似乎是个问题。有人提议：长者为先。长者提议：女士优先。女士提议：年少者食。年少者提议：官大者食。标准太多就没有标准，推来推去，谁也不吃。在此情形下，非长非女非官非年少的笔者便自告奋勇："不就是多吃一只蟹吗？我来解决问题。"

多吃一只蟹，对我来说，并非贪吃，但食之有味弃之可惜。多吃一只蟹，对于别人呢？试想：有的食之无味实在不想吃；有的食之有味却不好意思吃，生怕别人说贪吃，生怕别人说不礼貌。总而言之，在场的别人都不愿意多吃一只蟹，这是确定无疑的。这时候这"最后一只"只有三种选择了，或者退回厨房倒掉，或者强迫一个人吃下去，或者由我主动食之。思来想去，前两种选择都不好，前者为浪费，后者要么强人胃之难，要么强人意之愿。只有第三种选择——由我多吃一只好。第一，我需要吃，吃之有味；第二，我愿意吃，因为我不怕别人说闲话。这样说来，这"最后一只"是去了它该去的地方，去得其所。

生活中，与"多吃一只蟹"异曲同工的事，我还做过一些。试举一例：几个朋友或同事同上一辆面包车，往往在车门口相互谦让着不愿先上，结果谁也上不去。只要我在场，绝无此麻烦：我坚持只让一回，要是别人也谦让，我必定快步冲上去，以便后来者尽速跟上，让汽车早一秒开动。大作家秦牧讲过一个笑话：一个孕妇足月后生不下孩子，便剖腹产，只见一对双胞胎在娘肚子里谦让，两个都说："你先请。"

都说"你先请"，就无"先"可言了，还是要有人"先"的，大家不愿意，就会成问题。我是一个乐意解决此类问题的人，为自己，也为别人。

## 14. 简单装修

装修，有简单装修和豪华装修之分。简单装修，可以装得有味道有品位，简而高雅。豪华装修，可以装得金碧辉煌，气度非凡，豪而不俗。所以，装修得法，简也好，豪也罢，都是可以如有神来之笔，将房子装修得美丽而得体的。但有一条，简装省钱，豪装费钱。

简装是一种风格，豪装也是一种风格。我是喜欢简装一类的风格的，加之简装便宜，因此我无论住家还是办公室，装修必简。我的办公室装修简到什么程度呢？除了地上铺了地板，墙仅有粉刷，顶原封不动，梁照旧放着，电灯是裸的，电线是明的，二十平方米的办公室装修只花了两千元。这样简易的装修简单得几乎等于没装，但放上简易而古朴的办公桌椅，加上墙上挂些黑白的照片和书画，倒也般配，显得简而不陋，朴素而雅致。

人们常说，文如其人，棋如其人，衣如其人，其实，装修风格也如其人。据了解，有些人喜欢豪装，其中有的确实是喜欢那豪华的风格，以为只有豪装才是装修，简装等于不装，他们喜欢身处金碧四射的氛围。而其中有的，他们本身对风格什么的不那么有所谓，他们只是以豪装来为自己撑门面，以示自己富有，以示自己舍得花钱。恰恰相反，我不仅以简为省，以简为美，而且以简为荣。简单装修，一举而三得，难怪我津津乐道，乐此不疲了。

也许是人以群分，也许是同道所见略同，好多来过我办公室小坐的人，个个称赞我的办公室简而雅，有特色，美不胜收。

# 15. 广场跳舞

毛泽东曾说，跳舞，就是在音乐声中散步。也许是喜欢散步的缘故吧，我连带也蛮喜欢在音乐声中散步—— 跳舞的。上世纪 80 年代，随着改革开放，时兴跳舞，人们以跳舞为娱乐，以跳舞为风雅，以跳舞为人际交流的一种方式。那时舞场多多，还是较高消费的场所。可是不知为什么，跳舞这种娱乐，逐步被卡拉 OK，被酒吧，被茶室，被保龄球，被高尔夫等取而代之了，现在一个城市的舞厅寥寥无几，舞者中退休的老人和下岗的中年人居多，年轻人几乎不进这样的场所了。舞厅的硬件越来越差，消费越来越低，给人破落和萧条的感觉。

没有了像样的舞厅，我大有失落感。好在我家附近的广场上，傍晚时分常有“广场跳舞”。散步路过此处，我会和妻加入其中跳上几步，聊补于无。和妻子广场跳舞，真的成了纯粹的音乐声中的散步，全然没有了社交的功能，这大概就是舞厅跳舞和广场跳舞之区别吧。

说起跳舞，其实我是外行，跳了几十年，我依然只会三步、四步平走走，花步是一步也跳不起来的。喜欢跳舞，十有八九只是喜欢舞厅的氛围，喜欢和乐意交往的异性拉着手，近距离的说话交流。不记得是哪一位名人说过，跳舞使人亲近。对此话，我深有同感。我至今没有弄明白，是人与人彼此冷漠了，导致跳舞不流行，还是倒过来，是因为大家都不跳舞了，少了亲近的机会，才使得人与人之间感情疏远的。反正，和以前相比，现在是跳舞的少了，人与人没那么亲热了。

听朋友说，天津有一家档次很高的舞厅，上海百乐门舞厅也不错。看来，要跳一场像样的舞，还得乘飞机，坐动车，跨省市呢。真希望自己居住的城市，还能恢复一两家上世纪80年代或者30年代那样装修华丽，红男绿女穿着讲究的舞厅。我想，这样的希望，总不至于是我一个人的一厢情愿吧，应该会有那些怀旧的人，也应该会有那么一些年轻人喜欢上过去了的年代流行的东西的吧。

## 16. 不吃烟酒

有人喝酒，有人抽烟，有人烟酒都吃，有人烟酒都不吃。我就是一个不吃烟酒的人。有男人说：“烟酒不吃，白活一生。”有女人说：“烟酒不吃，好男人也。”吃烟酒的人是把这种吃当作享受生活的一部分的。称赞不吃烟酒，是把这种吃看成一种坏习惯的。

在看待喝酒抽烟的问题上，我站在大多数女人一边，我也反对吃烟酒。先说抽烟。众所周知，烟里面有一种叫做尼古丁的东西，有毒，烟多吃了还会上瘾，颇有一点轻度毒品的性质。这样一种不能填饱肚子，反而有害健康的东西怎么能吃呢？再说了，买烟还要花钱，还是一种浪费。再说喝酒。喝酒也不好：喝了酒就不能开车，喝酒开车犯法。喝酒不能开车，说明人一喝酒，神志就不那么清了，就有那么一点麻木了。人活着，只要不睡觉，总是清醒比麻木好。神志麻木的时候，哪怕不开车，说话办事也会不靠谱的，酒后失言坏事的多着呢！

既然抽烟喝酒不好，为什么有些人还是照吃不误呢？原因大约有二：一是以为，抽抽烟，喝喝酒，才是男子汉，所以随大流，你抽我也抽，你喝我也喝。二是以此作为社交的工具，把烟看成是“介绍信”，把敬酒、劝酒当作拉关系的手段。其实，上述两条都没有道理。是不是男子汉，哪能用抽烟喝酒来评定，男子汉首先是由生理决定的，其次是由性格和理念决定的。至于烟酒的社交功能，也是微不足道的。你看那些政治家，外交谈判靠抽烟喝酒了吗？你看那些企业家，生意场上争高低烟酒能起作用吗？也许只有那些小商小贩，还在用烟酒这种低级的武器吧。

值得欣慰的是，抽烟喝酒不好，这在世界上倒已有了共识。不过在禁的问题上，好像发达国家做得好一些。比如，公共场所一律不准抽烟；比如，一般饭店不允许卖酒。禁烟酒，说白了是一种人文关怀，因为它关系到人的健康。可以想见，随着时间的推移，随着人类进一步走向文明，世界上抽烟喝酒的人是会越来越少的。这么说来，不吃烟酒是一种觉悟，是一种文明，是一种进步。

## 17. 少吃东西多读书

民间有这样的说法："若要小孩养得好，就要穿衣常带三分寒，吃饭常带三分饥。"听医生讲，这个说法是有科学道理的。

"穿衣常带三分寒"，我没有做到，也许也不适合成年人，所以说不出它的好处来；"吃饭常带三分饥"，似乎男女老少皆相宜，我是身体力行的，因此其益处体会颇多。归纳起来，大约有四点：第一点，吃饭七成饱，对肠胃有好处。俗话说："饱伤胃，饿伤肝。"七成饱，营养供应已够了，伤不到肝，又保护了胃。第二点，吃饭七成饱，有利于节约粮食。第三点，吃饭七成饱，对保持清醒头脑有好处。如果吃饭十成饱，大脑供血会受影响，造成不机灵。前几年美国占领伊拉克，据说萨达姆在逃亡期间就不敢吃饱，他怕吃饱了自己反应慢，容易被美军抓住。第四点，人长期吃饱喝足了，会习惯于贪图生理的满足，而忽略了心灵的需求和精神的追求。相反，常带三分饥，心灵和精神就会更有空间。

当然，人活着总是要吃饭的，所谓"民以食为天"，所谓"食、色，性也"，都是说吃饭的重要性和必要性。吃饭，天经地义，而且不能半饥半饱。半饥半饱是饥过了头，同样对身体不利。半饥半饱者从前是因为贫穷，现在大多是为了减肥。而十分的饱，其实不是身体所必需，只是食者嘴馋而已。据说，在欧洲有人做过统计，对吃更感兴趣的人和对吃兴趣不大的人相比，前者文化程度往往较低，在各方面往往少有建树，比较平庸。统计还显示了一个有趣的现象，一个人吃的兴趣和他读书的兴趣大多正好成反比。中国广东人普遍喜欢吃而不喜欢读书，好像也是一个佐证。想想也是，动物吃饱了就基本满足了，最多再加一个性。人可不一样，人只是把吃饭和做爱看成是生存和延续生命的必须，而不是生活的全部，人是精神动物，要有更多追求的，哪能仅有本能，把过多的精力用于吃。因为多吃而肥胖，在时下的美国已成为一个严重的社会问题，奥巴马政府新近不得不拨款数十亿美元，专款专用于解决美国人多吃和肥胖的问题。

吃饭常带三分饥，不仅是一个健康问题，也是一个文化问题，所以，我们要从提高人们的人文素质做起，使其少吃东西多读书成为一种自觉行动。

## 18. 散步有益

我是一个特别喜欢散步的人，早晨起来会散步，吃过午饭会散步，黄昏时分会散步，有时甚至临睡前还会出门散散步。

开卷有益，散步也有益。先是有益身体健康。我们人类祖先的运动都是比较健康的，如爬树、游泳、走路。散步就是走路的一种，它有氧而不激烈，实在是人最基本、最自然、最容易、最适合的一种运动。再是有益调节心情。心情好的时候散散步，可以让心情好上加好，心情有点糟的时候散散步，可以淡化不良的情绪。散步还有一个益处，就是利于思考。“文革”期间，邓小平遭迫害去了江西农村，那时每天晚上的散步，成了邓小平生活的重要部分和习惯，通过散步，他不仅锻炼了身体，调节了心情，更重要的是，他在散步时思考着中国的前途和命运。后来他复出，成了中国改革开放的总设计师，许许多多好的理念和思路，恐怕和他散步时的沉思是分不开的。

随着社会的发展，交通工具越来越发达了，自行车替代了步行，汽车又替代了自行车。速度倒是快了，可惜走路少了，脚的功能会退化，人的体质会退化。出门不是走而是“坐”，久而久之，肚子就会大起来，身体就会胖起来，别说不健康，就是体型长相，也大打折扣。

现在走路的人、散步的人少了，除了交通便捷，工作节奏快等客观因素，还有主观原因。那些当领导的，把坐车看成是一种待遇，一种风光，好像在路上走就体现不了自己高高在上。有些白领，把用散步锻炼身体视为落伍不时尚，他们宁愿花钱去健身房“走”跑步机。看来，你要上述那些人多多走路和散步，还得让他们先拥有了朴素的情怀和回归自然的心境。

散步，无论是漫步在大街小巷，还是走在风光秀丽的湖边，或者在山边小道上穿越，都是一种身心的莫大享受。散步、散步，在快节奏的时代里，让我们保留着这个慢动作吧！

## 19. 暴露弱点

每个人都有自己的强项和弱点，在竞争激烈的今天，人人都在施展自己的特长，为生存为发展。所不同的是，对待自己的弱点，大多数人不愿意暴露，千方百计遮之掩之瞒之盖之，唯恐被人知晓，失了自己的面子，坏了自己的形象。只有少数人，是乐于暴露自己的弱点的。

其实，暴露自己的弱点，实在是聪明之举。就像一个人生了病，自己要说出来，要告诉医生，甚至告诉周边的人，这样，医生可以为你诊疗，别人可以向你提供对你的病有利的一些信息。一个人的弱点不暴露，就难以得到别人的帮助，最终克服自己的弱点。我是尝到过暴露自己的弱点的甜头的。比如学中文的我直到大学毕业，尚没有学会汉语拼音，于是我常和朋友说起我的这个弱点，去年终于有个热心的女性朋友用她独创的学习拼音法，教会了我这个笨学生。再比如，我不会电脑打字，我也到处讲，新近有一个朋友教会了我一点。在这方面，反面的例子也不胜枚举。我有一个老同学不久前告诉我，他老婆特别胆小，他每次出差不在家，老婆在家会吓得整晚睡不着，可她几十年来不说，觉得这个弱点说不出口，结果吃足了苦头。有一次我那同学出差十多天回家，见妻子瘦了许多，追问之下才得知老婆多年隐瞒的这个弱点。后来他每次出差，总是把妻子的小姐妹请来陪伴，终于解决了这个问题。

有病要说，有弱点要暴露，这样才可以主动地争取别人的帮助。正如生病没什么不好意思一样，人的弱点也不是见不得人的。一个看起来没有弱点的人，其实反而是不可爱的，因为别人都有弱点，就你样样优秀，人家难以和你亲近，和你亲近会感觉不自在，或者感觉你有点不真实，或者感觉和你在一起自己相形见绌。你看看，本来不愿意暴露自己的弱点，是想保护自己，却不料倒是伤到了自己。所以，有时候不暴露自己的弱点，是自以为聪明，实在是傻的，是那种大愚若聪。

## 20. “谢谢”是一种武器

枪炮是武器，战场上可以消灭敌人，防御自己。刘备的哭是武器，可以博得同情为我所用。我发现，有时“谢谢”这个词，也是一种武器。

我是说“谢谢”频率比较高的人，起先，我仅把这两个字看成一句简单的礼貌用语，到了“四十而不惑”，才深明：“谢谢”除了礼貌，同时也是工具，也是武器，生活中大有功用呢！还是说说故事吧：我常去一家茶室独自喝茶看书。我喜欢边看书边喝茶边吃瓜子，可这家店的一名女服务员欢迎我喝茶，却反对我吃瓜子，理由是，瓜子店里不供应，是我自带的。我的理由是，店里不供应，我才自带的。结果是，她说服不了我，我也说服不了她，大家有点不愉快。后来我不跟她讲理了，改说：“谢谢你为我开特例，照顾我吃自带的食物。”这下换来了她的微笑和“不用谢”。还有一个小故事：有一次我的汽车在马路上突然爆胎，我不会换轮胎，于是求助于路过的其他司机，并许诺可以给报酬，竟然连找几人无效。物质奖励不顶用，我便开口改用连声的“谢谢”，果然“谢谢”之下有勇夫，有人因我的“谢谢”而帮我解决了难题。当然，过后我还是给小费的。

社会搞了市场经济，物质刺激就大行其道。人们为了生存，为了过好日子，当然是离不开种种物质的，当然是对物质感兴趣的，这是符合人性的，但是如果无限放大物质的功能，少了那么一点人间的温情，则同样不符合人性，这就是“谢谢”可以成为一种武器的原因所在。

己所欲，施于人。既然我们自己需要“谢谢”之类的精神食粮，那么不妨施于人，在需要别人宽容自己的时候，在得到别人帮助的时候，早一点、多一点说“谢谢”。

“谢谢”是一种廉价的武器，每一个人都会制造和使用，只要愿意就行。

# 21. 失包之苦

遗失东西，总是令人不愉快，而遗失包，更是苦不堪言，因为包里往往不光有有价的东西，还有证件、银行卡、别人的名片等无价的东西，甚至失而不可复得的东西。

2003 年去新西兰，一则看望在那里读书的女儿，一则也是去旅游。在异国他乡，旅游有女儿做导游和翻译，感觉格外好。在一个叫做“一树山”的景点，我突然发现别人遗失的一只女式小包，打开一看，是一个韩国女留学生的，里面有学生证、银行卡、现金和首饰、照片等等。我和女儿左查右找，终于在包里发现了失包者的联系方式，于是我们即刻电话通知她，和她约定奉还的时间和地点。看到这个韩国妹因失而复得而喜悦时，我的心底荡漾起一种甜蜜。

失包之苦，我是有亲身感受的。2010 年的春节，我和妻去澳门度假。不幸的是，年初三晚十点钟，我的包遗忘在出租车上。尽管下车才几分钟就发现少了包，但为时已晚，一没有留下打的费发票，二没有注意出租车号码。只能报警报失。澳门的警察倒也认真，一面记录着我的情况，一面通知出租车公司，要其帮助呼叫，寻找失物。可是等了几个小时，并没有一点消息。我问警察，像我这样的情况，找回包概率有多大，警察答，根据他们的经验，要是里面有现金，找回包的概率基本为零，要是包里没什么值钱的东西，找回的概率大约为50%。我遗失的包里没有一分钱，但证件很多，有记者证、港澳通行证、身份证，还有很多银行卡。没什么经济损失，可很麻烦，那么多证件要补，银行卡要挂失，没了通行证还要去移民局和中国旅行社办手续，不然回不了大陆。在澳门办相关手续已经够苦的了，还要想着回国后还有许多补办的事情要做，心里就更觉得苦了。我的妻是个行动派，她一直在做着找包的努力，见报警没回音，她就委托传呼中心反复传递这样一个信息：失包虽没钱，但证件重要，只要归还，定当重谢！这一招还真灵，失包三十多个小时后，捡到我的包的那个出租车司机出现了，他原封不动地归还了我的包，我照承诺奖了他一笔钱。

包失而复得，我经历了由失包之苦到复得之乐。由此，引起了我的一些思索。澳门，是一个依法治区的地方，但我想，法律只能制裁违法的人，法律制裁不了不讲道理的人，也制裁不了不讲道德的人。比如假如有人偷有人抢，有人杀人放火，法律管得了，而如果有人捡到了包不还，有人见难不帮，有人见死不救，法律就管不了。生活中毕竟犯罪的人少，而不可理喻的人多，缺少道德修养的人多。所以，光有法治远远不够啊！是不是还要理治，还要德治？去年在浙江参观一个名人的故居，见到门头上写着“以理治国”四个大字。这样说来，“以理治国”不是我的发明，而是早有先人说过的了。

## 22. 退房模式

全世界的酒店差不多都一样，退房有一个常规模式：客人退房时，服务员让你稍等，然后查房，查完房再结账。

退房模式有没有另类的？有。住南京的金陵饭店，你会碰上这样的退房模式：客人退房时，服务员问："房内有消费吗？"客人说有，就算上，客人说没有，就算没有，结账了结，免了查房这个程序。住广东的一些酒店，你又会碰上这样的退房模式：客人退房时，服务员先问你房内消费了没有，但不管你说消费了还是说没有消费，他照查不误。开始你还以为他像金陵饭店一样，问你是相信你，以你说的为准，后来他还是查，你才明白，原来问你只是让你坦白交待，并非是信任你，房还是要查的。

总起来说，退房模式有三种：常规模式、广东模式和"金陵"模式。退房要查房，理由显而易见，目的是结算房内的消费。所以，常规模式无可非议。金陵饭店也是要结算房内消费的，但他们全凭客人自己说，坚持不查房。这就体现了对客人的信任和尊重。至于广东模式，就有点愚弄人、欺负人的味道了，他们不仅不信任客人，还要利用客人，让客人先自查，以免服务员漏查，真是精明到了极点。

可以肯定，在退房模式上，常规模式不会有好评，也不会有恶评；广东模式不会有好评，只会有恶评；“金陵”模式只会有好评，不会有恶评。可以想见，“金陵”模式可能会付出一点代价，那就是有个别客人也许明明消费了，为了少付账，偏说没消费，因此给饭店造成一点点损失。但是，金陵饭店还是吃小亏赚大便宜的，他们信任客人，尊重客人，就会赢得客人的欢心和忠诚。难怪开业几十年以来，这家饭店年年月月宾客如云，好评如潮。

我出差南京，十有八九住“金陵”，还办了一张会员卡。我喜欢住“金陵”，当然与这家饭店适合的地理位置、一流的硬件环境、免费早餐特别丰富有关，但最主要的原因，恰恰是这家饭店尊重客人的退房模式。我去广东住酒店的机会也不少，每每退房时，总是让那欺负人的退房模式弄得心情不佳。这时候我就会想，比起看起来精明的广东人，“金陵”人要大度得多，要聪明得多。为了一点自身眼前的小利，广东模式破坏了店和客的关系，而“金陵”模式，仅仅担一点损失小利的风险，就融洽了店和客的关系。

# 23. 学有榜样

人活着总是要学习的，向书本学习， 向老师学习，在实践中学习，还要向榜样学习。向榜样学习，就要有榜样。

我二十来岁的时候，曾立志写作小说，可是写来写去写不好，我大学时的语文老师批评说："你的思想跑到形象的前面去了，所以你写的小说概念化，不生动，不像小说。"无锡有个杂文家叫邹泉根，他跟我交谈过几次后说："也许你比较适合写杂文，你可以试试。"听了他的话，我受了启发，一试，还行：第一篇《"一呼百应"析》，便在一家省级报纸上发表。邹泉根是个既能写又勤写的杂文家，一年能在报刊上发表三百来篇杂文，而且屡有佳作。我以他为榜样，向他学习天天动笔的勤奋精神，还常常骑车十余公里去他所在的工厂，和他交流向他请教。在他这个榜样的影响和我白身的努力下，我也成了杂文的高产作者。

在人生的道路上，不仅学业和事业上需要有榜样，而且在人格的完善和道德修养方面，榜样同样起着重要作用。二十三岁的年轻女孩文花枝，我把她视为高尚人品的榜样。2005 年 8 月 28 日，导游文花枝带着旅游团前往延安参观，不幸遭遇车祸。当救援人员抢救流血不止的文花枝时，她却平静地说："我是导游，后面都是我的游客，请你们先救游客。"伤员一个个被救走了，距离事故发生已两个小时，花枝在确认车上没有任何人后，才让救援人员将自己抬下车。经医生检查，她左腿九处骨折，右腿大腿骨折，髋骨三处骨折，右胸第四、五、六、七根肋骨骨折。为了保全她的生命，医院为她做了左腿截肢手术。医生十分惋惜：“如果能及早送来救治，她的这条腿是能保住的。”文花枝的事迹，我是在《共产党员》杂志上读到的，文章还配了她美丽如花的照片。我含着泪水，把这篇文章连同她的照片从杂志上剪下来，装进镜框，挂在了我办公室办公桌对面的墙上，以便我能天天见到她，让她持续不断地感动我，成为我学习的榜样。过去，我能做到诸如两车狭路相逢我先让，但主动关心陌生人还是有点欠缺的。读了文花枝，现在我会进了电梯见远处有人走来，主动按住“开门键”；马路上见有人骑车跌倒了，会主动上去搀扶……

列宁说：“榜样的力量是无穷的。”我的体会是，榜样是一个目标，引领我朝着目标的方向前进；榜样是一面镜子，照见我自身的不足。

## 24. 反对体育比赛

我是一个喜欢运动的人，而且运动成绩还不差，下象棋，八岁胜过父亲；打乒乓球，小学时在区里得过名次；短跑、跨栏，初中时在市里得过名次；射击，参加过江苏省第八届运动会。

我喜欢运动，是因为运动是一种休闲，是锻炼身体的一种方式，诚如毛泽东所说："发展体育运动，增强人民体质。"尽管我喜欢运动，我却从不看体育比赛，我觉得体育比赛一点也不好看。就说跑步吧，人跑得再快，也快不过猫和狗，那还不如看狗跳猫跑。就说游泳吧，人游得再好，也好不过鱼吧，那还不如看水中的鱼。再说举重，人的力气再大，也大不过狗熊，那还不如看狗熊搬石头。

我不仅不看体育比赛，还反对体育比赛。在我看来，全世界所有的体育比赛都有弊而无利。弊之一，体育比赛有害健康。比赛是一种竞争，为了争名次，平时就得超强度、超负荷、超极限训练，久而久之，就会使身体变形，你看那体操运动员，臂和腿粗得异常。身体难看还是表象，身体受伤更是运动员的必然，姚明、刘翔就伤得举世闻名。体育训练，体育比赛，简直就是一种人体摧残。据说，运动员由于消耗得太多，短命的多。弊之二，大凡优秀的运动员，都是身体素质和心理素质很好的人，都有坚毅的性格和不怕苦累的精神。这样的人如果把精力用于学业和事业，大多可以有所作为，为社会作出贡献；而把精力用于体育训练和比赛，是十足的浪费。弊之三，培养运动员需要花费许多钱，而体育比赛，无论败下阵来的，还是得了冠军的，一律创造不了价值，可谓有失无得。

我反对体育比赛，肯定会遭遇绝大多数人的反对，他们反对的理由肯定是两条：一条是，体育比赛得了名次，可以为国争光。另一条是，体育比赛，可以促进全民体育运动。其实，只要仔细想一想，上述两条站不住脚。把个别人训练成世界冠军，每一个国家都有这样的可能性；刘翔跑得快，不等于中国人跑得快；今年中国人得了一个项目的冠军，不等于明年这个项目的冠军还是中国人；得不到名次的运动员，也不等于给国家丢脸了。总而言之，得不得名次，说明不了问题，毫无实际意义。至于全民体育运动，无需用比赛来带动，只要增强人们的健康意识就行了，事实上，如今那些晨练的，冬泳的，等等，哪一个是为了参加比赛？哪一个是为了为国争光？

人和动物相比，见长的是智力和思维能力，所以要比也该比人的文化，如写作，如绘画，如弹琴，而体育比赛，大多是比体能，那不是人的长处，在体能方面，许多动物比人强，所以体育比赛当让动物去进行，人就大可不必了。我坚信，所有的体育比赛，包括奥运会，都是人类的一种愚昧活动。三百年以后，回想起三个世纪前还在做体育比赛这种蠢事，人类会深感不可思议和惭愧的。

# 25. 怀念爷爷

我常常怀念我的爷爷，不仅仅是因为他是我的爷爷，还因为他是一个大好人。

记得小时候去爷爷所在的无锡市动力机厂机修车间，总能见到爷爷穿着的工作服一身油渍，干活忙个不停。他的一个工友告诉我："你的爷爷呀，车间里最重、最累、最脏、最难的活，他总是抢着干，所以年年是厂里的先进工作者。"

爷爷退休后，他退而不休，干什么呢？他帮左邻右舍干活。哪家的饭锅破了，他帮着去补；哪家的自行车坏了，他帮着去修；哪家的房屋漏了，他帮着去盖。有一次下雨，他在帮邻居家修补房屋时从房顶上摔下来，左腿骨折，不能走路，只能躺在床上。那位邻居先生来看他，递给他一支烟，我爷爷还连声说："谢谢！"好像他反而过意不去的样子。

我怀念爷爷，倒不是爷爷从小特别宠爱我，在我的印象里，他好像对什么人都好。有时他买了一包糖，不是单给我吃，他会分给和我一起玩的小伙伴。他对家人随和，没有一点长辈的架子，可他对别人是同样的和蔼可亲，不分亲疏。我知道，他肯定没有读过墨子的书，但他的道德观似乎和墨家相同，比之孔孟的亲亲之爱还要高级一点。也许正因为如此，他才更加被众人所接受和喜爱，“高爷爷”，这是众乡邻对他的亲昵称呼。有一次，他突发心脏病，身旁只有我奶奶，众邻居得知后，弄来了板车，拉的拉，推的推，跟的跟，居然一行数十人，把他护送到医院，并久久陪伴着，直到我们这些子孙到场才含泪离去。这样的场景，使我想起周恩来、胡耀邦去世时，十里长安街送别的人群哭成一片。

我的爷爷叫高和梅，他晚年是在他老家无锡北门外堰桥农村度过的。我常去看他，听他的一些老友称他为“痴和梅”，我不解其意问奶奶，奶奶告诉我：“你爷爷年少时常做些损己利人的事，做好事不图回报，别人说他有点痴，‘痴和梅’由此而来。”听得出来，别人称他“痴和梅”是带着亲昵和褒义的。

“痴和梅”这个称呼，总结了爷爷一生的为人和品德，也是他老人家留给我最好的精神财富。爷爷的一生，是辛辛苦苦的一生，是助人为乐的一生，也是快乐幸福的一生。我乐意做爷爷这样的人！

## 26. 不放鞭炮

从有记忆起，年年听到鞭炮声，可我没看过爷爷奶奶、外公外婆放鞭炮，也没见到父母亲放鞭炮，我和妻子、女儿也没有放过鞭炮，不仅过年过节不放鞭炮，而且每次创办的公司开业也不放鞭炮。不放鞭炮，像祖传一样传下来，我们是不放鞭炮的世家。

据说，过年、每逢喜事放鞭炮，是我们这个民族的传统。我不知道，我的上一辈、上上一辈为什么不讲究这一传统。至于我不放鞭炮，不把这个传统放在眼里，是因为我这个人，根本就没有传统这个概念，我觉得这件事有意义，我就去做，哪怕以前从未有人做过；我觉得这件事没意义，我就不去做，哪怕这是几千年留下来的传统，哪怕全人类的人乐此不疲地在做着这样的事情。放鞭炮，不管它起源的时候有什么意思，反正我觉得，现如今是没什么意义和价值的，甚至有点不好的地方，比如造成一定的污染，包括烟尘和噪音；比如浪费金钱；比如带来安全隐患。

听喜欢放鞭炮的人说，放鞭炮有两个原因，一是图吉利，说什么可以驱邪，可以带来财运；二是鞭炮的声响，可以制造欢乐的气氛。这第一条，其实是自欺欺人，自我安慰，该倒霉的还是倒霉，该破产的还是破产，这方面的例子已经多到无需列举了。这第二条，也只是心理作用而已，能替代鞭炮声的声响多着呢，如摔破碗，那声音也蛮刺激的，费用和污染并不比鞭炮高，而且还安全一些。所以说白了，这第二条，其实也是传统两个字在作怪。

不放鞭炮，当然谈不上有多少好，但至少可以避免上述的几点坏。鉴于此，我是希望多一些人加入到不放鞭炮的行列中来的。

# 27. 读《读者》

出差兰州，问出租车司机："兰州有什么？"司机答："兰州就三样东西，一碗面——兰州拉面，一条河——黄河，一本书——《读者》。"

我多年来是《读者》的读者，对《读者》怀有感情，听了司机的话，对《读者》更是肃然起敬。在兰州期间，我抽空去拜访了《读者》主编富康年。富主编告诉我，《读者》目前发行量达到了一千万，为全国纸质媒体之首。这个数字是惊人的！

《读者》为何会有如此高的受众？回到江苏以后，我在亲朋好友间作了一个小小的调查。调查表明，这本杂志之所以畅销，原因固然跟她从内容到形式雅俗共赏有关，固然跟她文字漂亮有关，固然跟她不乏各类文体美文有关，但十分突出的因素是，她发表了许许多多感人的故事，让人感动，使人感悟，发人深省。

所谓感人的故事，就是好人做好事做到了极致，试举《读者》刊载的一例：2009 年 12 月 18 日早晨，湖北省黄石市铁山区三岔路村年逾七旬的拾荒老人郭东容，在路边捡到人民币七千元，她蹒跚着走了一个多钟头，交给了公安分局的值班民警。办完手续后，郭老太很不好意思地对值班民警说："同志，我还没吃午饭呢，你可不可以借我一元钱，我买两个馒头吃？"

《读者》的读者喜欢读此类文章，这样的读者在中国居然多达千万，足以证明：人心是向善的。这个事实给我们鼓舞，让我们看到了建立和谐社会的基础所在。这个事实也告诉我们，我们的媒体，我们每一个人，平时是应当多多传播那些正面的东西、向上的东西、光明的东西，不要“好事不出门，坏事传千里”，而要反过来，“坏事少出门，好事传千里”。我相信，当《读者》发行至两千万册的时候，我们这个社会一定会文明得多。

# 28. 笑者优先

常听说“女士优先”、“老者优先”、“儿童优先”，新近听说一个“笑者优先”的故事。在一个大学生就业招聘会上，一家著名企业的摊位前，排着长龙的大学生们正在一个接着一个地递交自己的大学毕业文凭和简历，只见企业招聘人员不假思索地把大学生们的材料分别放进两个不同的箩筐里。待招聘会结束后，我好奇地问那位招聘人员，为什么把应聘者的材料放进不同的箩筐里，标准是什么？答曰：“我们把递材料时面带微笑的大学生的材料放在一起，把面无表情的大学生的材料放在另外一边，然后把不笑的先淘汰，再在笑的里面挑好的。”

企业招聘员工笑者优先的做法，先是让我惊异，细想之下，很是认同其中的道理，为之不胜感慨。是啊，在人的社会里，尤其在中国，情商是非常重要的，而笑，正是最基本的情商，一个见了人连笑脸都没有的人，怎么能和别人好好沟通，建立良好的人际关系、工作关系和买卖关系？所以，上述那家企业要以笑为底线，要以不笑“一票否决”了。

据那家以笑论英雄的企业招聘人员说，经统计，前来应聘的大学生，带着笑脸的只有 20% 左右，越是名牌大学毕业的，笑容越少。这个事实同样让我惊异。由此我们可以看到，我们的学校教育和家庭教育是何等的失败！一个家庭把孩子养大成人，学校从基础教育到高等教育，把学生培养到大学毕业，竟然连笑都没有教会。我们的教育在教什么啊！教的全是需要分数考试的东西，全是死记硬背的东西。如此教出来的人，一没有人情味，连笑也不会；二没有创造性，缺乏自由的思想和独立的人格。大学生因不会笑而被招工单位不看简历不面试，直接拒之门外遭淘汰，实在是一种悲哀，实在是对多年来分数教育的最好讽刺。好在现在从中央到地方，从学校到家庭，教育改革的呼声越来越高，教育部还明确提出，若干年后取消全国统一高考。教育改革、素质教育值得期待，取消高考早一天好一天，打倒分数教育！

见人面带微笑的人不一定有出息，但有出息的人一定见人面带微笑，见人不会笑的人肯定失败。人的社会，笑者优先。

## 29. 对付硬柴

有“软柴捆硬柴”之说，意思是，对付硬的东西，不能硬碰硬，要用软的办法，软比硬有力量。“软柴捆硬柴”一说很形象，确乎说出了一些道理，于是好多人信了。

小学时学校组织下乡学农，我在农民那里学到了对付硬柴的软硬之法。有一次，我跟随一位青年农民上山砍柴，只见他一手拿着斧子，一手拿着绳子，看到有用的硬柴，先来硬的——用斧子把硬柴从树枝上砍下，再来软的——用绳子把硬柴们捆绑起来带回去，如此才完成了上山砍柴的劳作。这件事给我印象很深，从此让我懂得了光知道“软柴捆硬柴”是不够的，还要明了，对付硬柴，在某种情形下，也需要更加强硬的手段——用比硬柴更硬的斧子砍。

长大以后，学习了辩证法，深感农民对付硬柴一硬一软双手抓，的确有点辩证法在里边，的确有点哲理的味道。有个说法，叫做“胡萝卜加棍棒”，其实也是软硬之道。光有胡萝卜不行，对方会贪得无厌的，后面要有棍棒撑腰；光有棍棒也不行，人家受不了会造反的，得给人胡萝卜的选择。这是强国对弱国、强者对弱者的软硬手段。有没有弱者对强者用软硬之道的呢？也是有的，比如你对我可以，我就臣服，你对我欺压，我就搞恐怖主义。我有一个老同学，很会对付强势的顶头上司，他介绍说，要么来软的，拍上司的马屁，让他喜欢你；要么来硬的，挑领导的软处，跟他斗，让他怕你。别无他法。

软硬之道告诉我们，该用软的地方用软，该用硬的地方用硬，切忌不软不硬，与对方硬度相仿。不可设想，用与硬柴同样硬的东西去砍硬柴，结果会怎么样，用与硬柴同样软的东西去捆硬柴，结果又会怎么样。两个同样硬的碗，一碰，就碎了，两败俱伤。所以，双方实力相当，斗无法，斗无益，还是和为贵。

## 30. 乌鸦的游戏

人，除了工作，要休息，要游戏。动物也如此，除了觅食，要睡觉，要游戏。新近读了本书——《乌鸦》，发现乌鸦是一种聪明的鸟，不仅是觅食高手，还特别会游戏，比如说衔一根小树枝飞上天空，丢下这“玩具”，再猛扑下来叼住它。它还会莫名其妙地单脚倒挂，或者在飞行中突然耍几个“后空翻”。

乌鸦的游戏是原始的，乌鸦的游戏是零成本的，乌鸦的游戏还有点体能锻炼的意思。乌鸦的游戏使我忆起儿时的游戏，比如男孩玩玻璃球——在泥地上挖几个洞，看谁先把玻璃球打进去；比如女孩边唱歌边跳橡皮筋；比如男孩女孩一起捉迷藏。诸如此类，和乌鸦的游戏相仿，原始、无成本、有益身心。相比之下，如今孩子的游戏，现代倒是现代了，什么游戏机，什么益智电动玩具，可惜至少有两点不如过去的好：一是成本高，用完了成垃圾；二是单独玩，没有群体性，不利于小伙伴们在玩的过程中交朋友，增情谊。

现在成年人的一些游戏，似也不如先前，不如先前亲朋好友串门聊天，不如先前棋艺相当的人在一起下象棋、战围棋，不如先前读书人相聚交流读书心得。你看现在那个保龄球，无非是把一个大球抛过去，输赢在于是否击中了那几个木头玩意，建个保龄球馆少则也要几百万元。你看现在那个高尔夫，一大片美丽的草地仅供那几个所谓的贵族，像过去小孩玩玻璃球一样，把那白色的塑料球打进一个一个洞。

为什么如今的人，从小孩到成年人，玩的游戏明明性价比不如过去，而不愿意复古呢？原因是他们一味追求“与时俱进”，把原始同落后画等号了，把现代同先进画等号了。他们不知道，原始只能说明由来已久，没有落后的意思在里边，比如说，吃饭，这件事很原始吧，但落后吗？同样，现代只能说明新近，没有先进的概念，比如说，把黑发染成黄发，这件事很现代吧，但黄发比黑发先进吗？

但愿乌鸦的游戏，给我们启迪。

## 31. 筷子和刀叉

去西方国家，最不适应的是吃西餐，不光是东西不好吃，连餐具——刀和叉也不好使。西餐厅不提供筷子，是常态，抱怨也没用。在国外受这份罪，倒也罢了，入乡随俗嘛。可恨的是，如今在我们中国的五星级酒店的中西结合的自助早餐桌上，几乎全是只放刀叉，不放筷子，中国人如要用筷子，还非得到专门放置筷子的地方去取。

我把餐厅的领班叫来，问餐厅里明明中国人还多过外国人，为什么桌子上只放刀叉不放筷子？答曰："放刀叉是照顾外国人，不放筷子是和国际接轨。"这样的答复，令人惊讶和气愤。外国人到中国来，我们不欺负他，考虑到他们不会使用筷子，放上刀叉，本没有错，问题是中国人习惯用筷子的，餐桌上怎能不放？那不是在自己的国土上欺负中国人吗？这是怎样的心态？说什么和国际接轨，分明是崇洋媚外，把自己的"轨"抛弃了，怎能和别人的"轨"接起来？比较合理的做法是，餐桌上既放中国筷，又放外国刀叉。追究起来，在西方社会的餐厅里，假如中国人多多，倒是应该放上筷子的，他们外国人不放，是他们不明事理不懂礼仪。同样，在中国人开的餐厅里，如果只放刀叉不放筷子，也是不明事理不懂礼仪，说得严重一点，甚至是没有国格和人格。

由筷子和刀叉，我联想到飞机上的单语和双语。我去加拿大，乘中国东航的飞机，机上播两种语言，汉语和英语；而乘加拿大加航的飞机，机上只播英语不播汉语。从中，我感受到了一种不平等，中国人是不是对外国人太客气了？在这些问题上，应该是对等的呀！这倒不是计较，这应该是常识和惯例，这才是合理正常的国际关系。

也许有人会说，没有筷子，正好可以让中国人学学使用刀叉，不讲汉语，正好可以让中国人学学英语。那么好，不给刀叉，可以让外国人学学使用筷子，不讲英语，可以让外国人学学汉语。在外国人面前，中国人固然不必表现得强势，以筷子取代刀叉，以汉语取代英语，但是也不可以表现得弱势，不能让刀叉取代了筷子，让英语取代了汉语。这是一个严肃的问题。

# 32. 美人别写真

时下拍照大体可分为三种：证件照、生活照和写真。证件照追求真实，生活照追求情趣，写真追求“作假”以后的自我。如何作假，刻意修饰，浓妆艳抹。写真的结果是，不真，不真的结果是，原来美的，打了折扣，变得不那么美了，原来丑的，打了折扣，变得不那么丑了。写真，其实可以命名为写假的。

一个女子，本来天生丽质，一派清纯，一写真，立马俗不可耐。对于这样的女子来说，写真，不是画蛇添足多此一举的问题，而是弄巧成拙，给自己抹黑。美人如花，本身就美不胜收，根本就无须美容，给美人美容，如同给花做美容一样荒唐。只有不那么美的人，才需要美容，以掩盖其不足之处。写真好比一个大染缸，不同的人，皮肤白的黑的，气质好的差的，进去一染，出来后都差不多，和原来的自己相去甚远了，假假的，好似人工做出来的一般。

立此存照，目的是要再现真实的自己，看着照片，今天可以看看今天的自己，若干年以后，可看看多年以前的自己。可看写真就没多大意思了，美人看到写真里的自己变丑了，肯定不高兴；不那么好看的人看到写真里的自己似乎“进步”了，可一照镜子，还是明白“进步”是泡沫，是虚假的。以写真里的美为美，只是自欺欺人而已，由此，空虚感油然而生，同样快乐不起来。当然，不那么好看的人中有人会把以次充好、以假乱真的写真给别人看，以此满足自己的虚荣心，对于这部分人来说，写真或许有它存在的价值。不过，对于美人来说，写真千真万确没理由，实在是花钱买难看。这样的蠢事，何苦而为之？美人，还是拍生活照为好。

## 33. 停车好去处

随着汽车时代的到来，买车容易开车难，开车容易停车难的现象十分突出。这里只说停车的问题。比如去一个商场，路不远，开车几分钟便到达，但要把车停到地下停车场去，也得花几分钟，还要掏停车费，这样一来，倒不如“打的”了，还省事一点。

新近开车去一家大马路边上的茶室喝茶，停车成了问题：马路两边都涂上黄漆，表明不得停车，而茶室又无停车场，去别的停车场吧，又路途遥遥。怎么办呢？情急之下，见到茶室旁边有所学校，门口有块牌子写着：“学校重地，外来车辆不得入内。”这句话其实还提供了这样一个信息：学校内是有停车位的，只是仅供内部使用。也有道理，外面的车成千上万，假如一概放行，听任停放，决计容纳不了。不过我想，外面的个别车辆停进去，应该是有容身之地的。于是，我下车跟传达室的门卫套近乎，动之以情，终于让他给我的车放了行。开进去一看，发现这里空车位多多，真是停车的好去处。出得门来，我再次攻门卫的关，使他答应，以后还可以进去停车。

事后我想，像这所学校这样的停车好去处，社会上应该多的是吧，比如一些机关，比如一些企业，比如一些住宅小区，可总是要通过跟门卫套近乎拉关系，也不是个办法，也不是长久之计。是不是可以因地制宜地制订一些措施，把方方面面的停车位的资源充分利用起来呢?

前些天听朋友说，无锡市有一个紧靠一家大型商场的住宅小区，过去为了停车问题，小区的保安常和商场的顾客吵架，商场的保安常和小区的居民吵架，因为各自不让对方的车辆停放进来。后来经过协商，问题解决得很圆满。住宅小区的车位白天空的多，因为居民开车上班去了，商场的车位晚上空的多，因为晚上商场关门顾客不来了。现在商定，白天商场顾客的车可以停到小区里来，晚上小区居民的车可以停到商场的停车场去。这样互换车位，你来我往，免了吵架和谐了，又提高了资源利用率，实在双赢。

找到了停车好去处，停车就不难。

# 34. 说说LV

有一种包，名叫LV，据说是名牌，据说昂贵，少则上万元，多则数万元，据说这种包颇受时髦女郎欢迎，很是畅销。

叫LV的包，和其他的包功能是一样的，就是可以装东西而已，至于款式、色彩、做工好一点，贵一点可以理解，而比普通的包贵一百倍，则离奇了，性价比就差了。居然还有那么多人乐于花大钱拥有它，实在不可思议。

LV时下流行，有人买不起真的就买假的。真真假假，粗看还真分不清。反正在我看来，买真买假都不可取，买真的是奢侈，是浪费，买假的是虚荣，是打肿了脸充胖子。新近听了两则有关LV的故事，倒也痛快，可谓英雄所见略同。有一对恩爱夫妻，结婚十多年从未红过一次脸，可因为丈夫出差香港买回一只LV献给妻子，其妻对他大发雷霆，她的理由是，丈夫送她LV犯了两大错：浪费钱财，此一错也；丈夫对她不了解，相处十多年还不知道她是一个朴素的人，一个不爱名牌爱实惠的人，此二错也。另一则故事，和上述故事有异曲同工之妙。一个白领女孩不久前爱上一个富二代，爱情进展顺利，渐入佳境，可最近一次女孩背了只LV和男友约会，男友顿时脸有不悦之色，过后竟因此和她吹了。朋友问这位富二代，一个LV就那么严重吗？这位富二代说："我家资产过亿，我妈都舍不得几万元买个 LV，用的只是几年前买的一百元的包，而我女朋友，年收入不过十来万，一个包就花去她年收入的五分之一，这种女孩不光不会过日子，简直是价值观有问题。”

有上面两则小故事垫底，就无需我再多发议论了。我只想说说，我很欣慰，在我们这个社会，尽管有那么一些要 LV 的，但依然还有不要 LV 的，反对 LV 的，而且反对起来是那么坚决而不留情面，我们这个社会还是美好的，还是大有希望的。

## 35. 飞不高的野鸭

上个世纪 70 年代，江南农村以粮为纲，改种单季稻为双季稻，加上一季小麦，一年种三茬。结果怎么样呢？结果三三得九不如二五得十，就是说三季的产量还不如两季。如果算上种子、肥料、农药、劳力的成本，种双季稻更是得不偿失，劳民伤财，划不来。改革开放以后，坚持走实事求是路线了，讲究科学种田，不再种双季稻式的革命田，恢复了传统的一季水稻一季小麦。单季稻不仅产量高，米质也好。这个事实说明，土地的潜力是有限的，它的能力就是一年产两熟，你要多一熟，就是反规律，反规律就事与愿违，没得好果子吃。

树林里的树，种得太密了，树就长不大，因为局部的雨露阳光有限，每棵树都在争光争水争养分，争来争去大家长不大，所以种得稀一点，有利树木茁壮成长。

今年 4 月的一天，和朋友一起去苏州西山赏太湖风光。这里自然环境好，湖面上野鸭成群。只见野鸭们忽而在水中漫游，忽而在水面上轻轻飞起。细察之下，发现野鸭这种两栖动物，虽能水中游，但潜水不深，虽能飞起来，但飞得不高。要潜水深，就要做鱼；要飞得高，就要做鸟。水中游游、天上飞飞的野鸭，就两不精。由此可见，多功能，势必每一项功能强不到哪里去。比如手机，功能比座机多，但其通话功能定然不及座机。

常有这样的情形："手机信号不好，请打我座机。"

说双季稻，说种树，说野鸭，目的是说人。人，作为高级动物，潜力很大，但人的生命有限，人的精力有限，这就决定了人不可能成为全才，有所得必有所失。世界上有许多文学家，也有许多科学家，但很少既是文学家又是科学家的。诚然，文学家可以学一点科学，科学家可以学一点文学，但切不可两者之间无重点，既想成为文学家，又想成为科学家，或者既想成为科学家，又想成为文学家。要知道，会在水中游的野鸭是飞不高的。明白了这个道理，我们在校的学生，尤其是高年级的学生，是不是要有点偏科呢？是不是不需要门门功课都优秀呢？回答是肯定的。著名学者、《围城》作者钱锺书，明史学家吴晗，他们数学都考零分，就是明证！

## 36. 对付孩子的哭

为何而哭，成年人和孩子常常是不一样的。成年人往往喜极而泣，悲伤而哭，流下悔恨的泪水。孩子呢？婴儿期哭是一种信息传递，如饥饿，如要睡，如身体不适。这种哭自然而然，没有感情色彩，也绝无功利。稍懂人事之孩子的哭则大不同，其中不乏“成人之哭”，也不乏无理取闹之哭。

无理取闹之哭，是这类孩子的工具和武器，是用来对付大人的，目的是要大人屈服其哭，以满足其各色各样的需求。无理取闹的哭是由婴儿期的哭之习惯带来的。一哭就有奶吃，一哭就有成年人来照顾，何乐而不哭之？久而久之，养成了有需求就哭的习惯。

对付孩子婴儿期的哭，家长采取的态度和方法几乎是一致的，无条件地满足其要求，以此止哭。而对无理取闹之哭，家长对付的样式则各不相同。大体有四种：一种是依然用对付婴儿的法子，一概满足了之。结果是延长了孩子的“婴儿期”，形成条件反射，一不满足就哭，一哭就赢天下，如此循环往复。一种是训斥加动武，将其压服。结果是孩子信奉暴力和强权，口服而心不服。一种是凭心情行事，心情好则满足孩子的要求，心情不好就另取态度。结果是孩子有要求时哭了再说，喜怒反复无常。第四种是对孩子先批评、讲理，再适度制裁，比如将其关进卫生间，令其不哭了再出来。结果是让孩子懂得，无理取闹之哭无济于事，得不偿失，不如改了。

我们家对付女儿儿时偶尔有之的无理取闹之哭，就用的这第四种方法，效果甚佳。

# 37. 恼羞不成怒

先说一个故事：三国时，有一个皇帝决意发动一场战争，其一大臣强烈反对，说此战必败，因此被下狱。一意孤行的皇帝在前线一败涂地，狱卒对这位大臣说，先生有救了，实践证明你反对这场战争是对的，皇帝回来后肯定会奖励你。大臣说，我必死无疑了，因为吃了败仗的皇帝会恼羞成怒，以杀我而泄愤。不出大臣所料，皇帝一回来就把他杀了。

因错而恼羞，实属常情。错了无动于衷，不以前车之鉴，是会重复犯错的。但懊恼和羞愧以后，紧跟着的应该是反思，从自己身上找毛病，不再重蹈覆辙，切不可恼羞以后就成怒，把怒气发在别人身上，这样不仅无济于事，还会伤到了别人，伤别人，别人就会恨你，最终也伤你。由此可见，我们有必要控制好情绪，在恼羞和成怒之间筑一道防火墙，做到恼羞不成怒。

恼羞不成怒，是一种修养，一种智慧。唐太宗李世民在魏征对他提意见时，有时也恼羞，但他没有成怒，没有杀了谏臣，而是从善如流，纳了谏。有一次去上海，上海有个朋友带他的儿子一起来请我吃饭。席间，朋友和我争论一个问题，不料他的儿子和我持相同观点，竟站起来毫不留情批评其父。我的那位朋友当时恼羞有余，但并非有怒的表现。过后他对我说，回家以后他进行了反思，又和儿子进一步探讨了我们争论的问题，终于被说服了。为此他反倒很开心，有一种豁然开朗和进步的感觉。我想，这就是恼羞不成怒、恼羞而反思的好处吧！

# 38. 接近出真相

2010 年 5 月初，我们全家在加拿大温哥华度假，相邀同是江苏无锡人的一对夫妇前往一个温泉镇旅游。这个温泉镇在大山脚下，车行至离山约一千米处，朋友说，远看那山上似乎排了许多电线杆，好像还有电线在。经她一说，我们看看也有点像，但不敢确认。待汽车开到山脚下，才发现，远处看似电线杆的东西，其实是死了脱了皮而没有倒下的树，而那疑似电线的东西，其实是死了又倒下的树。真是接近出真相啊！

“不识庐山真面目，只缘身在此山中。”读了这句话，不能就此以为，只要远离庐山，就能识此山真面貌。远处看山，只能看个大概，看个轮廓，要了解山上的一草一木，要了解山的种种真相，还得接近它。还是毛泽东说得好：“你要知道梨子的滋味，你就得变革梨子，亲口吃一吃。”你要知道万事万物的真相吗？你就得接近它。只有接近它，才能看得细，看得清，不被假象所迷惑，不因臆想而失真。

由接近出真相，想起了男女恋爱的问题。据说，80 后的人闪电离婚的多。其中当然有恋爱、婚姻自由的缘故，但也不乏闪电结婚的原因。一谈恋爱就草率成婚，就是在和对方接近的时间不多，各自对另一半不甚知其真相的情形下就定终身大事。结果成婚以后，接近出真相，对方的毛病和不适合自己的地方始逐一暴露，于是一吹了之。

马克思的夫人燕妮曾说过这样的话：“恋爱至少要四年，才能确定是否与其定终身。”看来，燕妮是深知接近出真相的道理的。

# 39. 行善要早

上世纪 30 年代，张爱玲说，成名要早。这些年，有人说，赚钱要早。想想也是，人生苦短，倘若名成得晚，钱赚得迟，那对成名赚钱者来说意义要小得多，因为其名其钱对自身的后续作用大打折扣。

新近听朋友说起一个真实的故事：几个年轻人常去一家酒店吃饭，见那里一个女服务员长得奇丑，便屡屡取笑之，并故意刁难她。可这位丑女看上去每每毫不在意，照例微笑着给予上佳的服务。终于感动了这几位年轻人，有一次他们一起向这位“心灵美”的丑女认错赔礼，并申明以后一定痛改前非。不料她笑着说：“你们不用道歉，不过，我以后也不会在你们点的食物里吐口水了。看到你们现在的表现，我也后悔当初的恶作剧。”听了这则故事，我不胜感慨。感慨什么呢？我想啊，和成名、赚钱一样，行善也要早啊。

可以设想，如果上述故事中那几个年轻人早早对那位女服务员礼貌待之——行善而不作恶，那位女服务员定当不会在他们的食物里吐口水的，他们完全可以既享美食，又享真诚的微笑服务。如果那位女服务员不太计较别人的过失，早早以德报怨——行善而不作恶，那她过后也就不会受到良心的责备，后悔莫及。

成名要早，赚钱要早，说说容易做起来难，无论成名，还是赚钱，都要天时、地利、人和，往往不是一朝一夕就能实现的。而行善要早，无需天时和地利，全凭自己，全凭自己的心胸，全凭自己对世界的认知，全凭自己的价值观。

鸟到临死鸣也悲，那是生理使然，不可抗拒。人到临死心也善，那是心理因素可改变。心善不必等到老，待到死，越早越好。既然行善要早，行善能早，那么，善的教育，自然是要从小抓起的。

## 40. 看艳舞有感

美国时间 2010 年 5 月 10 日晚，我在拉斯维加斯大剧院观看了一场艳舞。所谓艳舞，就是美女无上装歌舞表演，也即胸部展览。

在我们中国，有书画展，有鲜花展，美女胸部展是没有的，因为我们的政府和人民视美女无上装表演为伤风败俗。

人类有历史，所以有风俗。大部分人愿意按风俗行事，这当然没有问题，问题是，少数人伤风败俗错在哪里呢？不让别人伤风败俗，其实是一种多数人欺负少数人的行为。为了谴责伤风败俗，人们习惯于把伤风败俗和不道德画等号。果真如此吗？非也，风俗和道德是两个不同的概念。检验道德的标准，只能以是否侵犯人权为标准，凡是尊重别人人权的行为，就是道德的。凡是侵犯别人人权的行为，就是不道德的。所以，从这个意义上说，伤风败俗者，只要不阻止别人守风俗，就没有不道德，相反，假如阻止别人伤风败俗，倒是不道德的。

一边看艳舞，一边想起了画家刘海粟。是刘海粟在中国首创用人体模特供画画，当年他也被世人讥为伤风败俗。而如今，画家画的赤身裸体的女人体可以出版发行。一边看艳舞，一边想起了鲁迅。鲁迅说，有些人，一看到白手臂，立刻想到全裸体，立刻想到性交。一边看艳舞，一边想起了法国海边的天体浴场，一边想起了美国的裸体社区，裸体候机场……看裸体女人跳舞，没看出淫荡，再看看周围观舞的人，也不见色迷迷的眼神。据剧场工作人员介绍，她们是脱衣舞女，更是文艺工作者。由于价格不菲，观众大多也不是不三不四的人，其中有商人，有文人，有名人，也有官员。

我理解，一个好的社会，应当是既保护守风俗者，又保护伤风败俗者的。尤其是，这种伤风败俗，限制在画家的画室里，限制在剧场里。脱光了衣服供人画，脱光了衣服跳着舞给人看，只要是自愿的，就是正当的，无可非议的。每一个人都是自己的主人，有权穿衣服，也有权脱衣服。像花朵一样，像艺术一样，把美丽的身体展现于世，供人欣赏，使人愉悦，是一种勇敢，是一种解放，是一种自由，是一种美好。

# 41. 绿树与高楼

一个人有一个人的个性，一个城市也有一个城市的特色和风格。在国外的诸多城市中，我对加拿大的温哥华和美国的拉斯维加斯印象比较深刻。温哥华的特色是绿树多，拉斯维加斯的风格是高楼多。

美国和加拿大都是发达国家，拉斯维加斯和温哥华都是发达城市。这两个城市的住房价格谁高呢？原先凭想象，我还以为拉斯维加斯会高一些呢，因为这里似乎更是高消费的地方。实情却是倒过来，温哥华的房价高，而且高许多许多，每平方米比拉斯维加斯贵四倍左右。

光看数字，好像不好理解吧？可当你在这两座城市分别住上一段时间以后，就没有什么奇怪的了。温哥华树多、花多、草多、水多，空气好，人在这样的环境里生活很舒服，适合长期居住。据说，这里的人少有高血压，长寿。而高楼多的拉斯维加斯，它的高楼和繁华，只适合供人们短期游乐，长期身临其中，人会觉得压抑，迷失自己。这就是两个城市房价大差的原因所在。

离开了空气，人三分钟就会死；离开了水，人三天也不能成活；离开了食物，人活不过七天。这是常识。绿树比高楼珍贵，正在被越来越多的人认识，这是人类前途的光明所在。如果人类只顾建楼，只求发展，只讲

GDP，忽视了保护耕地，忽视了种树绿化，我们的生存环境就会恶化。这是我们活着的人生活质量的问题，更是后代人生死存亡的问题。这个道理很简单，忘记了这个道理，就会犯低级错误。

# 42. 跑山鸡

去杭州，朋友请我去山里吃“农家乐”。有一道菜特别好吃，叫“跑山鸡”。顾名思义，“跑山鸡”的意思是所养之鸡不是圈养而是放养的，让鸡在山里边到处跑，自己找食吃。

“跑山鸡”为什么味道鲜美呢？据农家讲，其中有三个原因：一是“跑山鸡”活动范围广，多动则肌肉多、活肉多，不像圈养鸡长出来的肥肉多。二是“跑山鸡”吃的东西杂，吃草吃虫又吃菜园子里的各种蔬菜，食杂则营养丰富。三是跑山鸡不像关在圈里那样无聊，在跑的过程中自由自在，自由则心情舒畅，也许心情好对其肉质也有关系吧。

由鸡的圈养和放养，我想到了在学校的学生。现在中国式的学校教育，大有把学生圈养起来的格局，就读学校规定的那几本书，就听老师怎么讲，就用标准答案来考。这样一来，就把学生框死了，学生少有时间读杂书，少有时间接触社会，少有时间思考问题。这样一来，就让学生死读书，读死书，结果越读越呆板，越读越无知，就是学了一点书本知识，也是一个没有文化的人。

学生也是放养的好。就是在初级阶段，老师教会他识字，教会他一些基础的东西，教会他查字典等自学的本领，把考试都取消了，这样一来，学生就可以多多实践，多多交友，心灵自由，去书店，去图书馆，在自己的家里，有选择地去读自己喜欢读的书，读得多一点，读得杂一点，读得自由一点，在没有考试的压力下，轻松而愉快地读。这样一来，学生读书就读活了，如同“跑山鸡”那样，身心健康，茁壮成长，成为社会的有用之才。

# 43. 入乡随俗问题

中华民族是一个古老的民族，所以成语和俗语多。成语和俗语，是我们宝贵的文化财富，但是成语和俗语不等于真理，有些是没必要把它看重的，更没必要生搬硬套照着去做的，那样会犯本本主义的错误，还是要从实际出发，具体问题具体分析，视情况而定。

比如入乡随俗这句俗语。前些天，我和一位上海的朋友，一起在美国的一家西餐厅吃饭。美国人习惯冬天也喝冰水，于是美国人以为全世界的人都喜欢喝冰水，服务员照例给我们送上了冰水。我当场拒绝，并讨要热开水，可我那上海朋友说入乡随俗吧，就喝起了冰水。过后出问题了，他回到宾馆以后就肚子疼。一看医生，诊断为喝冰水受了凉。他不知道，美国人是吃牛肉长大的，加上长期喝冰水，所以冰水凉不了他们，可我们中国人是以素食为主的，而且习惯吃热的东西，突然喝冰水，肠胃会受不了的。我的上海朋友，正是在不该入乡随俗的地方随了他乡别人的俗，脱离了自己的实际，所以付出了肚子疼的代价。还有一次，我和南京的一位朋友在加拿大的一家餐厅吃饭，服务员见我们是中国人，因此给的餐具有刀叉也有筷子。我们点了日本的寿司和几只虾，吃这样的东西，我用惯了筷子，故自然把刀叉还给了服务员，可我那位南京朋友看到周围的外国人都在用刀叉，便入乡随俗，也学洋腔——用刀叉，可惜毕竟不习惯，用起来很是别扭。我真弄不懂，这样的入乡随俗，究竟有什么价值。

我反对不必要的入乡随俗，不代表我反对所有的入乡随俗。有些乡俗，还是应当随的。比如，在新西兰，开车是靠左的，这是他们的乡俗，我们去了那里，在那里开车，就得入乡随俗—— 开车靠左。再比如，泰国是禁止赌博的地方，我们去了那里，就要入乡随俗——不能赌，哪怕是朋友间金额很少的“小来来”。

在全球化的今天，为了工作，为了生活，各地的“乡”，人们是少不了要入的，问题是要不要随俗。我想，我是把这个问题讲清楚了，不知别人有没有同感，或者有没有其他高见。

# 44. 主随客便

俗话说，客随主便。我倒是觉得，主随客便更好些。

你想想，假如一个吃惯了甜食的无锡人去湖南或四川做客。客随主便，主人用他们家常的、辣味十足的食物招待，你会感觉怎么样？假如一个吃惯了米食的江浙人去陕西做客，客随主便，主人天天给你吃面食，你会感觉怎么样？

做客，往往是受邀请的多，既然诚心诚意把人家请来了，当然要把客人招待好。如何招待好，主随客便应该是个前提吧。不管什么人，总是有他的生活习惯的，只有主随客便，才能让客人有宾至如归的感受。比如，客人喝茶不喝酒的，主人就不必敬其酒，给茶就行。再比如，客人是喜欢安静的，主人就不必请他去闹哄哄的酒吧或唱卡拉 OK，陪他聊聊或送一本好书就行。当然，生活中也有不速之客。对于不速之客，主人由于缺乏准备，招待不周也在情理之中，但方向还是主随客便。

主随客便比客随主便对客人好，那么，客随主便这句俗语从何而来的呢？我想，不外两种情况造成的吧。一种是，这句俗语已有很长的历史了，也许在久远的过去，物质条件贫乏，主人无法以客人的便为便，只能家里有什么就拿什么出来，不得已，只能主便。另一种是，中国人克己的精神比较好，做客的人生怕给主人添麻烦，于是把客随主便挂在嘴上，主人在不知客之情的状况下，也只能己所欲施于客。

今天的社会，给主随客便创造了条件。第一，物质丰富了，不是有什么供什么，而是要什么有什么了。第二，现在是商业社会，商业社会的人交换意识强，客人明白，我的便之处尽管提，今天你主人主随客便，明天你来我处做客，我可以同样以主随客便回报之。有了这物质和精神的两条，主随客便到了应当取代客随主便的时候了。

## 45. 被子该不该整理

早晨起床以后，被子该不该整理呢？有人整理，有人不整理。整理的人有整理的理由，说是整理了以后看上去整齐，舒服。不整理的人有不整理的理由，说是反正晚上又要睡的，省得整理的麻烦。由此看来，被子整理和不整理都是有得有失的，都是要有代价的。不整理的人得了省力，付出了不整齐的代价。整理的人得了整齐，付出了劳动的代价。我的夫人是一个特别喜欢整齐的人，又是一个特别勤劳的人，因此她每天起床必定把被子整理得整整齐齐，她不怕付出劳动的代价。

由于工作的原因，妻常常会出差，而且一出差就是个把月。她出差期间，我早晨理不理被子呢？我是视情况而定的。每天晨起，打开窗户的事必做，因为要通风，牵涉到卫生的问题。至于整理被子，平时我一般懒得去做，因为我的生活习惯是每晚要到睡前才进入卧室，也就是说，我整理了的被子，给我床上整齐的感觉只有几分钟而已，而早晨整理被子也得花上几分钟，以几分钟的劳动去换几分钟的视觉享受，我觉得“性价比”太低，划不来。但是星期天和节假日，我还是会整理被子的，因为这种日子在家的时间多，进入卧室的概率会高一点，加起来常常会几十分钟，乃至几个小时，以几分钟的劳动换来长时间的视觉享受，我觉得值。还有两种情形下我会整理被子，一是有亲友来家作客，二是当天妻子出差要回家。前者是对亲友的尊重，后者是满足于妻子的喜好。在这两种情形下整理被子，我以为“性价比”也是可以的。

“家里干干净净，整整齐齐”，这是亲友对我家的评价。夫人去温哥华度假一月有余，新近回家见到家里窗明几净，连被子也铺得整齐划一，还表扬我爱做家务了呢。我心里一阵暗笑。

# 46. 要短信，也要写信

随着科技的进步，有了手机，有了手机发出的短信，这短信自然有其好：制作方便，传递快捷。遗憾的是，这短信的好，取代了写信的好——黑字落在白纸上，更显郑重，那字迹，那纸张和信封的选择，更能表现笔者活生生的个性；再从收信人的角度讲，那份期盼、那份惊喜、那份神秘，也是无法用其他什么取而代之的。这些写信的好，恰恰是短信所没有的，恰恰是短信的不足。

短信有短信的好，写信有写信的好，两者其实是可以共存共荣的，实在不该“既生瑜，何生亮”。这个道理简单得如同一加一等于二一样，人们是不难理解的，我相信绝大部分的人也是懂得的。为什么大家“明白混账”，还是人类普遍存在的两大毛病在作怪：一曰喜新厌旧，视短信为时髦，视写信为落伍；二曰懒惰，发短信一分钟解决问题，写封信少不了要以小时计的。

写信，确乎不时髦了，它已经有了几千年的历史，可不时髦的东西，不等于落后呀，不等于没价值呀，不等于就可以淘汰出局呀。至于写信费劲，可正是这种费劲，才证明用心，才证明其信在写作者心中的分量，才证明并非可写可不写，如此这般，收信人会比收到一条短信更当一回事，更知道珍惜的。新近听说一个真实的故事，一个为官之人，在位时忙于工作和应酬，平时和夫人交流多用短信，日久天长，两人感情渐趋淡薄，女方连离婚的念头都有了。前年夫君因“问题”被双规、被判刑、被坐牢，在狱中没手机发短信，改用初恋时的手法——写信，既写自己人生的反思，又写对妻子的浓浓爱意。一封封狱中来信，竟然打动了妻子的心。这个妻子昨天见到我，含着泪水对我说：“是笔写的信，增进了我对先生的了解，重新拉近了我和先生的感情。”

当然，生活中也能举出许多短信的好处来，比如，两个人在闹市区突然走散了，一个短信立马重相聚。所以，要短信，也要写信，才是两全其美。

# 47. 胜而有利才是胜利

胜而有利才有意义，也就是说，胜而无利之胜，是没有意义的。举个大例子：解放战争初期，蒋介石领导的国民党军队进攻延安，占领了延安。表面上看来，毛泽东领导的共产党军队撤出了延安，国民党胜了，可最后的事实证明，这样的胜对国民党毫无意义，没有消灭共军的有生力量，没有获利，毛泽东和他的部队失地不失人，“留得青山在，不愁没柴烧”。再举一个小例子——前些天见到这样一幕：两个人在路上行走不小心相互撞了一下，发生口角，又升级为打架，几分钟后分出胜负，败的一方灰溜溜地走了，胜的一方擦一擦嘴角的鲜血，露出“胜利”的微笑。

上述那样的打架，固然大多能分出个胜负，但决计没有胜利者。打败对方，是胜了，可胜了以后没有获利，胜而不利，哪能算胜利呢？胜利、胜利，有胜有利才叫胜利，才有意义，才有价值。你看那个街头打架的胜者，不也在擦自己嘴角的血吗？流血可不是获利，倒是失利了。所以那两个误撞的人，只有相互说声“对不起”，马上分手了之，才是明智的，一吵、一打，必定双输，没有赢者，只有表面的胜者，没有实质的胜利者。

为利而战，才有胜利。战胜了，利也在其中了。中国历代皇家的帝位之争，就是为利而战，战胜了可是赢得天下，战败了只能称臣，甚至性命难保。抗击自然灾害，也是为利而战，胜则最大限度地保护了人民的生命财产，败则造成更大的损失。

懂得了胜和胜利的关系，我们就不会去为胜而胜了，那些没有利益的争就可以避免了。相反，对于有利可图的胜，则要看重，则要全力以赴争取之，等闲不得，马虎不得。当然，别忘了：得不偿失之利也不可争。当然，别忘了：君子爱利，取之有道。

## 48. 公平观

昨天从南京回无锡，动车票紧张，买到的是无座票。无座就只能站着。站着站着有点累，见有人去卫生间了，便借坐一会。几分钟后“座位主”——一位三十来岁的男青年回来了，我自然起身让座。不料他说“不用”，执意要我继续坐下去，自己站在我的身边。恭敬不如从命，我“从命”了。

在余下的路程中，我和让我座的这位年轻的谦谦君子聊了起来。

笔者：“你给我让座是尊老爱幼吧？”

年轻人：“不是的，你未老，没到因年老享受照顾的时候。”

笔者：“那你给我让座是先人后己的意思？”

年轻人：“也不是，我为什么要先人后己？”

笔者：“那你为什么让座？”

年轻人：“我是从公平出发，你想，我们是以同样的价格买的票，我只是买的时间早一点才有座位的，况且我已经先坐了，现在让你坐，不失为公平。而如果老是我坐，让同样有票的你没座，似乎有点不公平。”

这位年轻人的一席话，使我想起了公平观这个题目。公平，是大家所追求的，至少口头上没有人会反对。但是，每一个人对于公平的理解却是不一样的，尤其是当这公平不光是一个理论问题，而且是一个关于自身利益的实际问题的时候。

毛泽东曾经说过：“世界上有三种人，损人利己的，利己而不损人的，可以损己以利人的。”我想，对待公平也有三种人吧，一种人比较自私，总要占一点便宜才觉得公平；一种人比较心平，不想占便宜也不愿吃亏，以为这样才是公平的；一种人站在别人的角度看问题，乐意多为别人着想，他们的公平观是不能让别人吃了亏。动车上给我让座的那个年轻人，就是这样的人。我们说，这样的人是讲理的人，是有德的人。而上述第一种人，则是不明理不守德的人；那第二种人，则是斤斤计较的人。

明白了在公平面前有三种人，我们就可以发现，光讲公平还不够，因为就是做到公平了，总还有人以为对他不公平。我们这个人的社会，除了讲公平，还要多讲理，多讲德，造成明理有德光荣，失理失德可耻的舆论氛围。只有这样，公平才有保证，社会才会美好！

## 49. 读书的天敌

老鼠的天敌是猫，小鸡的天敌是黄鼠狼，虾米的天敌是小鱼，小鱼的天敌是大鱼。读书有没有天敌呢？有的。读书的天敌是考试，分数教育。

何为分数教育，就是评判一个学生，不论其读书的多少，也不论其读书读得活不活、好不好，全以考试成绩—— 分数为标准。分数高就是好学生，是英雄，分数低就是劣等生，是狗熊。

为何说考试、分数教育是读书的天敌？这是因为，考试、分数教育，让学生读书的数量少了，读书的质量低了，读书的兴趣没了。先说读书的数量。本来，读书是一件快乐的事，学生大可以上课听老师讲课，读课内书，放学后读自已喜欢的课外书。而这课外书的数量，必定大于课内书。只有这样，才有可能做到或接近读万卷书。有了考试，有了分数教育，情形就不同了，就逼着学生把过多的时间和精力用于课内书，不仅用于课内书的听讲，还要用于课内书的复习。这就损害了阅读课外书的时间、精力和兴趣。这就使学生少读了许许多多书。再说读书的质量。本来，读书是要活读的，质疑的，既要用欣赏的眼光，又要用批判的眼光，可遇上考试，碰上分数教育，就成了死读书，容不得质疑和批判，逼着你从书中去找寻标准答案。如此而已，何来读书的质量。长此以往，人的思想和想象就会被束缚，养成不思考的习惯，书读得再多，也形成不了自己的东西，活人变成了死书橱而已。新近在《江南晚报》上看到一幅照片——全班同学在高考完以后，不约而同地把高中时的课本撕得粉碎，撒向空中。这表达了对课内书的厌恶，也是对考试和分数教育最好的讽刺。

这么说来，考试、分数教育，不是读书的天敌，又是什么呢？！可惜又可恨的是，我们的许多老师和家长，都不仅不反对这读书的天敌，而且成了考试和分数教育的帮凶，这就可怜了我们在校读书的学生，使他们成了天敌的牺牲品。几年前，读了报界前辈徐铸成的自传。这本书有这样一个情节：他在北大读书时，有个教授叫钱玄同，每次给学生批考卷，给的分数是以座位而定的，坐在第一排批六十分，坐在最后一排就批一百分。显然，钱教授不是在开玩笑，做游戏，而是用心良苦，他是要学生彻底淡化那一分不值的分数，变死读书为活读书，读更多的书。在这样的名师教导下，果然出了高徒。徐铸成在读大学时就有暇给报社撰写新闻稿，后来成了举世闻名的优秀新闻工作者。朱自清也是钱玄同的学生，他在大学里就写了不少漂亮的散文，日后成了散文大家。

我们的校长，我们的老师，我们的家长，学学钱玄同吧，让我们来做读书的天敌的天敌！

# 50. 养狗的不是

曾经看到一部外国影片——《人与自然》，其中说到远古时代，狗是人类的朋友，狗会帮人看家护院，会帮人打猎。到后来，人又利用狗的嗅觉，让其侦探破案，让其查毒品。去年在菲律宾，看到一些高星级宾馆让狗替代安检设备，客人的包让狗嗅过没问题就算通过安检。

以上狗的功能，我不想抹杀，我说养狗的不是，仅指养宠物狗。养宠物狗，好像先于西方，中国人养宠物狗，颇有学“洋腔”之嫌，好的“洋腔”当然可以学，而养宠物狗，则是不好的。不好之处有四：第一，宠物狗不卫生。不说狗屎狗尿，掉下来的狗毛也惹人厌。为了环保，国外有些公园等公共场所，就禁狗入内。第二，宠物狗伤人。训练有素的宠物狗很少伤人，可狗毕竟是狗，难保其偶发狗疯咬人。笔者有个邻居大妈，新近就被另一邻居的宠物狗咬伤，致使两户人家不睦。第三，宠物狗与人争资源。地球的资源是有限的，尤其是粮食，而越来越多的宠物狗，要住、要行、要吃，占了人的份。第四，破坏了人际关系。狗这种东西，不明是非，只要是主人，它就忠，就听话。长期养狗的人发现，狗的这种“优点”人不具备，于是对狗的感情日增，对人的情感慢慢淡化，平时宁愿喂狗、遛狗，也不愿和人喝茶聊天。长此以往，人变得冷漠、孤僻、忧郁、不近人情。不知道是处不好人际关系才去养狗，还是养了狗便处不好人际关系，反正，两者之间大有因果。其实，狗的忠诚和友谊是低级的，它不是因为欣赏你，它只是出于本能，只有人的忠诚和友谊才有意义，因为朋友是有所选择的，具有相同的价值观。

在电视里，常看到西方国家的总统也养宠物狗。总统夫人叫“第一夫人”，总统养的宠物狗叫“第一犬”。我真有点怀疑作为政治家的总统是真的喜欢狗，我猜总统大人是喜欢选票而已，他是在用喜欢狗的形式，展示其生活化、有爱心的形象，以拉近与平民百姓的距离。

人，是万物之灵；社会，是人的社会。人还是要跟人打交道，才能互学、互帮，创造美好的和谐社会。狗东西不值得人宠它，宠狗不若宠人，宠人是美德，宠狗是什么？我不想说。近朱者赤，近墨者黑。虽然不会近狗者狗，但人和狗长相守，总不是妙事。

## 51. 不买彩票

老百姓说，有什么别有病，没什么别没钱。我说，买什么别买彩票。当然，假如以慈善的目的买彩票，这另当别论；我说的不买彩票，仅指以盈利为目的，以发横财为目的。

话要说清楚，我自己不买彩票，又提倡别人不买彩票，并不是反对盈利，反对发财，正好相反，我是生怕亏损，生怕失财而已。不是吗？彩票公司是赢定的，有赢者必有输者，这输者就是购买彩票的大众。诚然，这大众中也会有个别幸运者，问题是幸运者概率之低低于去赌场赢钱。据业内人士说，赌场的游戏规则是庄家赢面 55%，闲家赢面 45%。彩票是一个什么样的游戏呢？概率又如何？发行一个亿，奖金加奖品价值只有五千万，也就是说，庄家赚钱占便宜不是 5%，而是 50%，那么闲家吃多少亏，也就一目了然了。为了游戏吃亏 5%，也倒罢了，只要玩得小一些就行。而为了玩，吃亏 50%，则索然无味了，再玩，就有点傻了。

我提倡不买彩票，不光是从经济角度的利害得失出发，还有更深层的意思。那就是，我强烈反对侥幸心理。买彩票是一种典型的侥幸心理，而侥幸心理是极不理智的。买彩票是在追求一种天大的幸运，这种心理多了，养成了习惯，就会使人停留在空想的天堂里，而失去了脚踏实地的精神和毅力。我接触过许许多多的企业家和一些政治家，发现他们几乎个个理性得很，能从实际出发，把办成事的希望放在有效的措施和努力之上，而不是凭空想象，事事碰运气。我也接触过许多农民，发现其中会丰收的，通常是勤劳的，比如该灌水的时候就灌水，而不是侥幸靠天下雨，靠天吃饭的人。

对待危机，对待风险，我们要以防万一，积极应对。可是对待胜利，对待希望，我们切不可寄于万一。买彩票是一种万一的希望，我们能寄于吗？

## 52. 朋友是一种保险

买车要买保险，乘飞机要买保险，医疗有保险，人寿有保险，听说法国一些脱衣舞女的乳房也做了保险。现代社会，保险多多，不一而足。

保险，除了硬性规定的，如购车必买保险，此外我是一概不买的。我不买保险，是我以为买保险从理论上讲划不来。太平洋保险公司有句常用的广告语——“太平洋保险保太平。”此话简直是无稽之谈，事实上，世界上没有一家保险公司可以保太平，这是保险公司的性质决定的。相反，保险公司恰恰是保不太平的，你一旦在投保的范围内“不太平”了，如果它讲信誉，它会给你赔付的。保险公司保的是出险而不是不出险，这是我不喜欢买保险的原因之一。买彩票，是靠运气的，运气好，就能花小钱中大奖。买保险则不然，100% 的人没好果子吃，不出事吧，浪费了保险费，出事了吧，更倒霉，不是伤了就是死了，不是伤了死了至少是麻烦，所以买保险无赢家。这是我不买保险的第二个原因。第三个原因是概率，保险公司和彩票公司一样，是把出险的概率算好了的，他不会吃亏，如同彩票公司，他一定有利可图。他们都占便宜了，那我们参与这种游戏就会被占便宜。

我讨厌买保险，但我相信无需花钱买的一种保险。这是一种特殊的保险，她的名字叫朋友。朋友是一种保险，不仅理论上说得通，实际情况也是如此。俗话说，一个好汉三个帮。谁来帮你，这帮你的人常常是朋友。朋友不仅可以保出险—— 你出事了，他伸出救援之手；朋友还可以相当程度上保不出险——平时提醒你注意事项，劝你小心，或助你化险为夷。孔子说，三人行必有我师。话是对的，可那行路人不一定有机会当我老师来教我。既然三人行必有我师，那么三友中必有我师，有朋友做老师似乎更方便些，更实用些。在朋友老师的言传身教之下，我们会提高了自己，从而降低出险的可能性。

朋友是一种保险，举例说明吧。我有一周姓朋友，多年前做期货大亏损，欠了别人一百五十万元，一时陷入困境。是朋友，是三十七位朋友伸出援手，分别最高以五十万元，最低以五百元，凑齐一百五十万元，及时借给他，解了他的燃眉之急，其救难的速度超过任何一家保险公司。笔者常去加拿大温哥华，不懂英语总是问题，时有精通外语的女儿帮之，时有略懂外语的朋友助之，这语言之“险”也就过了。

2008 年的金融危机告诉我们，再强大的金融机构也有不能自保的时候，保险公司也不例外。到了你投保的保险公司倒闭的时候，你就保不了险了。朋友这种保险则不同，一个朋友不行了，还有另一个，还有更多，从这个意义上说，朋友这种保险更保险。

# 53. 女大当嫁？

我平素不爱看电视，要知新闻看报纸，要长知识去读书。可今年盛夏在加拿大养病，无报可看，无书可读，不得已看了部电视连续剧《大女当嫁》，不看还好，看了肺都气炸了。

人称“小宋佳”的那位女演员是《大女当嫁》中的女主角。为了“女大当嫁”这句话，她被父母兄妹、被同事、被邻居催着、逼着征婚、相亲、谈恋爱，她的征婚，全市几十家婚介所都登了记，广播电视做宣传，结果麻烦频频，连贩毒的罪犯也打来电话求见面，弄得“小宋佳”哭笑不得，苦不堪言。她是讲究精神生活的人，注重感情的人，所以宁缺也不愿将就嫁之。可她周围的人，都以关心她幸福的名义，要她“女大当嫁”。

《大女当嫁》里小宋佳的遭遇，生活中屡见不鲜。古往今来，外国中国，不知有多少好姑娘被害于“女大当嫁”这句话，嫁错了郎，鲜花插在牛粪上，悲惨一辈子。

“男大当婚，女大当嫁”，此话说了几千年，果真如此吗？其实不然！从人生理的角度，男大女大确乎可以性交，可以成婚。《婚姻法》也规定，十八周岁为法定可婚年龄。然万请注意：“可”不等于“当”。可，是行得通，允许的意思，没有定要的含义在里面。当，则不同，当就是应，就是该，不当，就是不应该。人是不能做不应该做的事的，那么好，本来可婚可嫁的事情，就变成了非婚非嫁的事了，而且，“一万年太久，只争朝夕”，定要在那所谓适合的年龄段里解决了谈婚论嫁。至于男女双方感情如何，感情的分量有多重，世俗漠不关心，世俗只知道“男大当婚，女大当嫁”。婚也好，嫁也罢，其实只是手段，不是目的。人的幸福才是目的，假如把婚嫁看成了目的，置幸福于不顾，那不是本末倒置吗？

好在如今的世界潮流，把“男大当婚，女大当嫁”放在眼里的人越来越少了，终生不婚嫁，婚了嫁了又离了的人日趋增多，这一潮流充分证明，追求自由和幸福才是硬道理。男大只是可婚，女大只是可嫁。让“男大当婚，女大当嫁”见鬼去吧！

# 54. 期待

喝茶使人清醒，咖啡使人兴奋，吃酒使人陶醉。有一种东西，可以使你既清醒，又兴奋，还陶醉，这东西不是别的，正是期待。有朋自远方来，快进家门了，你期待的见面那一刻，你会麻木吗，会昏昏然吗？不会的，只会不亦乐乎，兴奋而陶醉。男女双方一见钟情，期待立马再见，必然也是睡意全无，兴奋加陶醉。

毛泽东说，人是要有一点精神的。这精神哪里来？我想，有所期待，精神自然而来吧。革命的精神哪里来？还不是革命者从期待着革命的果实中来。高中生在校死读书的精神哪里来？还不是这些学生期待着考入大学拿文凭。现实生活中，有人出息大一点，成功多一点，跟期待不无关系吧。有了出息和成功的期待，不一定成功，但没有这种期待，则肯定不会有出息和成功。常听人说，不是人人会有出息，会成功的。此话不假。但这没出息、不成功的背后首要原因不是客观因素，也不是人的智商问题，恰恰是少了大有作为的期待，没有了这种期待，如何会去努力，会去打拼？不是有首歌吗，歌名叫《爱拼才会赢》，同样道理，爱拼不一定会赢，但不拼，肯定赢不了。而这拼的前提，就是对拼和赢的期待。一个运动员，没有了夺冠的期待，他会去竭尽全力拼吗？他会胜利吗？

人与人之间智商和能力差距是不大的，运气的好坏也无足轻重，一个人会有多少成就，关键的、决定性的因素是期待，是强烈的期待，欲罢不能。所谓“一个人要想成为一个什么样的人，最终他就会成为一个什么样的人”，说的就是这个道理。你期待什么，是你得到什么的先决条件。期待、期待，让我们期待，当然别忘了为这期待东西的到来做出不懈的努力。

# 55. 结合之美

中国人和西方人的文化是不一样的，中国人灵活，西方人刻板，便是一例。

在美国见到这样一件事：一个中国人和一个美国人同去一家三公里外的邮局寄信。中国人跑步去，美国人开车去。回来后，中国人在喝茶看报，美国人外出跑步三公里以锻炼身体。显然，美国人是把开车办事和跑步锻炼身体分开来的，而中国人则把两者巧妙而自然地结合起来了，孰高孰低，一眼便见分晓。

把两样东西有机地结合起来，是一种优先法，可以节约宝贵的时间和精力。你看那美国人，既浪费了开车的时间，又浪费了汽油，你看那中国人，把省下的时间用来悠闲地喝茶看报了，多好！在其他方方面面，中国人也懂得结合的好处，西方人则卯是卯丁是丁，全然不赏结合之美。比如婚姻关系。中国人结了婚，男女双方就不光是恋人和夫妻，还是经济共同体，我的就是你的，你的就是我的。多有夫妻老婆店，你我利益一致，同心同德同出力，所以常常经营有方，百年好合。西方人就不是这么回事了，夫妻间嘴上可以说“我爱你”，经济却是不“结合”的，你的是你的，我的是我的，含糊不得。有一个在美国餐厅洗碗的打工妹，人长得美若天仙，因此嫁了个亿万老公，婚后总以为经济大翻身，不料夫君照样催其去餐厅洗碗，说：“你不工作，不会挨饿？我可只会送你礼物，给你小费，定然不会养你。”西方人是把爱和付出与责任分开来的，不结合的。那位洗碗妹听了先生的宏论，愤然离家出走，毅然与其离异，后来嫁了同一餐厅的厨师。她说：“我倒不是要别人养，我是受不了西方人把爱和养分开来的态度和文化。其实，既为夫妻，哪一天假如他破产了，我也愿意养他的。”

有种肥料，叫有机肥。有种结合，叫有机结合。中国人是懂得有机结合之妙，并运用得得心应手的。这方面，西方人就差，西方人机械，机械就刻板，刻板就不生动，就不近人情。

## 56. 荒山的功能

见多才能识广，此话不假。对于荒山的认识，我就是在见多中有所增进的。荒山，我原先对它的认识是——寸草不长，更别说种植农作物了。见了我国兰州的荒山，我才知道，这里的荒山虽然树木花草长不了，却适合种植百合，这里的百合又白又大味道又好，质量世界第一，兰州百合成了名牌。见了加拿大甘露市的荒山，我才知道，这里尽管常年不下雨，全年日晒两千四百个小时，冬天又大雪覆盖，什么农作物都长不了，却盛产举世闻名的花旗参。

荒山之荒，是自然条件使然，而兰州荒山的百合和甘露市荒山的花旗参，同样是自然条件使然。荒山其实不荒，只是可以种植的品种少些而已，并非全无生长作物的功能。大自然造就一座山，无论给了它何种生态环境，也绝不会把它往死里赶，让它一无是处，必定给予它某种特定的生机，让其扬长避短实现自我。

山如此，人亦如是。一个人从娘肚子里生出来，他就和别人不一样，他的遗传不一样，他的家境不一样，他所在的国度和社会环境不一样，这种种种种，无不影响到他会成为一个什么样的人，但一如山那样，他必定有其自身特定的优势，只要发挥得好，定能产出优良成果来。天生的盲人，往往听觉特灵；智商不高，常常身体不差；家境贫寒，却不缺母爱……我们不能听天由命，但也要相信，天不会什么都和我们过不去，荒山还能出特产呢，何况人呢！不管是谁，身上总有别人不如的地方，自己长于人之所在，就是自己可以开发的有利资源，就是自己立于不败之地的重要保证。

## 57. 冰河

“冰冻三尺，非一日之寒。”没想到，世界上竟有冰冻三百米的。加拿大落基山脉有一条冰河，河深三百米，终年冻而不化。

冻而不化是因为天气寒冷，没有阳光，终年在零度以下的缘故吗？不是的。尽管这里冬天寒冷，时有大雪，但这里的春天、夏天、秋天气温不低，温度恰似中国的江南，全年的平均温度只在二十度左右，而且阳光充足，阳光的照射力度还很强。按说，阳光、高温是冰冻的死敌，“水火不相容”，为什么此地冰不怕阳光，冻不惧高温，一年四季照样冰冻？原因是冰冻深三百米，冰的基础太强大、太牢固，虽然上有阳光，地面温度不低，但冰冰相抱，抵抗力强，春夏秋三季的阳光和高温还没来得及化冰，冬天的雪又下了，冰的实力得到补充，故而冰河数百年不化，成了世界奇观。

冰河让人震撼，也发人深省。一个人长期形成的习性，亦如深深的冰河，难以改变。一个人多次吸毒，毒瘾一深，亦如深深的冰河，难以戒之。社会的腐败，亦如冰河，初步的、局部的，可以反掉，一旦腐败进入各个层面，各个领域，甚至侵入司法系统，到了司法也腐败的程度，则恰似那三百米深的冰河，阳光和高温也奈何不了了。

## 58. 动物天桥

建桥铺路，造福人民。你没听说过建桥铺路，造福动物的吧？我听说过，而且亲眼见了。在加拿大，从温哥华去班佛旅游，一路风光美则美矣，然美得有点单调，我总结为："中间是路，两边是山，山边偶尔有一个湖。"途中，多次见到横跨两座山的天桥，可只有桥下通过的车辆，从未见桥上通过的行人。我好生奇怪，在这人烟稀少的丛山中，有何必要建那么多天桥？问导游，导游说："这天桥不是供人行的，而是供动物走的。这些山里熊特多，自从建了公路，每年因横穿马路被车撞死的熊数以千计。人不能强迫熊别过马路，也无法教导熊遵守交通规则，为了保护熊的生命安全，于是每隔十公里建一座动物天桥，以便山这边山那边的熊自由而安全地你来我往，通行无阻。"

为熊建桥，保护"熊权"的做法，受到了同车旅游的华人们的好评，他们说，要是中国也能像加拿大一样，不惜重金保护动物就好了。我也赞赏加拿大为熊建天桥之举，但我反对在中国的现阶段，为了保护熊等动物的生命安全，不惜重金，也去建动物天桥之类。为什么？因为中国经济还不够发达，绝大多数人还不够富裕。尽管 2010 年二季度，中国的 GDP 已超过日本，成为世界第二，但人均 GDP 排在世界一百位以后，贫困线以下的人尚有四千多万。在这样的经济状况下，我们应当把钱花在人的身上，先解决了人的生存权和温饱权。我们在人中间不能分贵贱，但人和动物还是有贵贱之分的，人的生命理当高于动物的生命，人的利益理当高于动物的利益。所以，在眼下，我们当有保护动物的意识，对该保护的动物不要人为地去杀死它们，也不要人为地去破坏它们的生态环境，但没有必要为了改善它们的生存条件，不惜大投入，诸如为它们建桥之类。建桥铺路，还是先造福人类再说，至于为动物建桥铺路，那等到我们和加拿大一样，没有了贫困人口，人的福利大为改善的时候，似也不晚。要知道，加拿大的动物天桥，也是新近才建的，在他们富裕之前，他们也是以人为先，无暇顾及动物们的。

在如何对待动物的问题上，我以为人类该分三个阶段。原始社会是初级阶段，这时候，人不管遇上什么动物，只要斗得过它，就毫不留情地跟它斗，不光是为了不被对方吃掉，还是为了吃了它，以充饥，弱肉强食，自然法则，天经地义。人基本解决了生存问题的时候为中级阶段，这时候，人与动物（该保护的动物，即利于自然界生态平衡的动物）和平共处，人不为了口福和经济利益去谋杀动物,但也不投入财力物力刻意去保护它们。全民富裕以后是高级阶段，这时候，人就可以造福动物，保护“弱者”，供它们粮食，替它们治病，为它们建桥铺路，甚至哪一天为它们盖房子，给它们交通工具……

# 59. 关于取消全国统一高考的话题

日前，教育部前新闻发言人、语文出版社社长王旭明称：2020 年，我们的高考体制改革应该能有一个本质的变化。如果我们各项工作到位，我们的各项措施能够有保障，我们各个部门齐抓共管，我期望 2020 年的时候，能够取消全国统一高考，代之以更加多样化的、更加便于人们选择的各种类型考试。（1 月 11 日《中国经济周刊》）

我是从江苏新闻广播里听到这条消息的，听后很是振奋，尽管说的是十年以后的事，尽管十年以后不一定真的会实现，但毕竟有人提出这个问题了，而且还是教育部的一个不小的官员说的话。

在无锡市一个写字楼的电梯里，我和同乘电梯的两位先生说起了这个信息，本想和他们一起分享这个好消息的，不料，那两位先生异口同声地说："取消统一高考永远也不可能，因为这样会带来不公平，会让那些有权的、有钱的人钻空子，让普通家庭的孩子没有了公平竞争的机会，进不了名牌大学。"

听了两位先生的议论，我不胜感慨。感慨之一：现在的社会风气确实大有问题，哪里有管理，哪里就有腐败，因为手握管理之权的人总会上有政策，下有对策，权为己所用，制造不公平。不是吗？取消统一高考还只是一种设想，何况要十年以后才会实施，有人第一反应就是有权的人会借机谋私，弄得不公平。感慨之二：明明分数教育害死人，浪费了所有学生宝贵的时间和精力，扼杀了无数个各行各业的人才，可人群中对此有切肤之痛的人似乎还是不多，所以一听说要取消高考，他们就反对，他们宁愿受分数教育之苦，也不愿意遇到可能的不公平。

感慨之余，我有话要说。我是举双手赞成取消全国统一高考的，因为这是分数教育的病根所在。至于公平不公平的设想，即便有，也不大可能面广量大，因为毕竟还有反腐败，有纪律检查，有法制，有舆论监督。退一万步讲，就是开后门成风，最后优秀的高中生上不了大学，或进不了名牌大学，也比现在的高考制度好，也比现在的分数教育好，因为取消了全国统一高考，伴随而来的将是从小学开始的素质教育。可以想见，在素质教育培养下的高中生，其素质一定大大高于分数教育培养下的大学生。这就是说，对于所有高中学生来说，取消了高考，哪怕进不了大学，还是划得来的，何况既然那些大学办在那里，肯定会有一大批学生进去的。由此可见，取消全国统一高考，对全体学生有利，对全国人民有利，这样的好事，不是要不要办的问题，是越早办越好的问题。

## 60. 规则小于人性

《现代快报》载，广铁集团新近免了珠三角春运主力军东莞站原站长刘小平、书记廖栩珍的职，原因是，一张列车员帮旅客爬车窗的照片上了“东莞时间网”。此消息一传出，成千上万的网友点击、留言，90% 的网友为被免的站长、书记喊冤，赞扬帮旅客爬窗上车的列车员。

读了这则报载，我的心头为之一热。网友是可以代表民意的，上述的 90% 表明，我们中国人民是有是非观的，比较起来，倒是有关部门的有关领导是非不分，颠倒黑白，把好的看成坏的，把轻的看成重的，把小的看成大的。显然，上述的站长、书记被免职，原因是坏了规则——旅客应该由门进入，不能爬窗而入，列车员帮助旅客爬窗大逆不道。可是免人职的有关部门的有关领导视而不见这样的事实：被拍爬窗照的是当日下午深圳西发往信阳的 1204 次列车，属于过站车，在东莞东站停留时间仅为四分钟。而当天，在东莞站乘坐此趟列车的旅客超过一千五百人，四分钟根本来不及全部上车。为了让旅客能上车，顺利返乡过年，工作人员帮旅客爬车窗上车，也是从人性角度出发。

这里就提出了一个问题：是规则大，还是人性大。有人以为规则大于人性，所以一见违规就处罚，哪怕这违规的背后是人性。我以为大不然。我以为规则小于人性，理由是规则是手段，人性是目的；规则是为人性服务的；两者发生矛盾的时候，应该让规则暂时让路，或者修改规则。总之，规则要服务于人性，而不是人性服从于规则。不然的话，就是本末倒置。令人喜悦的是，我们的网友，我们的人民，绝大多数是懂得规则小于人性这个道理的，90% 这个百分比就是明证！

# 61. 午夜书城

午夜走在城市的马路上，可见二十四小时自助银行灯光明亮，二十四小时便民药店开门迎客，二十四小时可的便利店人进人出，可是难见哪一家新华书店亮灯营业。

新近去南京开会，晚十点多路经中山东路上的大众书局，惊喜地发现，店里面灯火通明，数十人在其中看书的看书，购书的购书。我问店里的服务员，这么晚还营业？答：他们天天开设午夜书城，要到晚十二点才打烊。

为什么自助银行、药店、便利店午夜开放普遍得很，想来是有利可图吧。同理可得，为什么少有书店午夜营业，原因是经济上得不偿失吧。

问题是，南京的大众书局为什么能够反其道而行之—— 开设午夜书城呢？我想理由不外乎两条：一条是，为了满足部分读者读书和购书的需要，他们宁愿经济上不得利甚至亏损。另一条是，他们放长线钓大鱼，开放夜市，不求短期内获利，而把眼光放在长远，因为他们用时间换空间，在开放中吸引消费者，培育未来的市场，他们相信，午夜书城早晚是会既满足了读者的需求，又使书城获得经济上的利益。不管是出于哪一条理由，抑或两条理由兼而有之，总是好的，因为它的结果，是有良好的社会效益的。

改革开放三十多年来，中国的经济突飞猛进，GDP 不知翻了多少倍，可惜的是，文化产业占 GDP 的比例仅有 5%。几十年来，全世界的科技也是大有进步，可惜的是，人类社会人文的东西似乎没有多少进步的迹象。为了人文的进步，就要大力发展文化产业，就要鼓励人们读书。习近平说得好，要多读书，善读书，读好书。为此，就应当为读书人多多创造读书的条件和环境。那么就要多建图书馆，多开书店，就要多一些南京那样的午夜书城。

## 62. 看不懂的电影

我不喜欢看电视，却是影迷，好一点的电影，是不愿错过的。常看电影，免不了会看到质量不够的，甚至会看到看不懂的。在看不懂的电影里，印象最深的是两部，一部是姜文导演的国产片《太阳照常升起》，一部是新近上映的美国大片《盗梦空间》。

《盗梦空间》我看不懂的程度达到99%，我有点怀疑自己的电影欣赏水平。电影散场以后，我和同看这部影片的十来个观众同乘一部电梯，“看不懂”的声音此起彼伏，一个戴眼镜的青年人开玩笑地说：“这种电影本来就是给博士后智商的人看的，我们看不懂实在是必然。”《太阳照常升起》据说是姜文自我评价颇高的一部电影，是用意识流的手法写的，也有人说此片水平不低，可惜能看懂的人确实不多。

说话要让人听懂，文章要让人读懂，电影要让人看懂，我想这是最起码的，应该是一条底线。记得战争年代，红军在解放区贴出告示，其中有一条——“不准虐待妇女”。毛泽东看后改成“不准打老婆”。毛泽东这一改，就通俗了，就让更多的人看懂了，当然起到的效果就好。也许有人以为，把话说“复杂”了，把文章写“复杂”了，把电影拍“复杂”了，弄不懂的人越多，他的水平就越高，这实在是一种误解。恰恰相反，许多好的作品，都是雅俗共赏的，你看中国的四大名著，哪一部不是通俗易懂的，只要稍有文化，就能读，至少懂个大概。

电影，属于大众传播，属于大众娱乐，让大多数人看不懂，怎能起到传播的作用？怎能起到娱乐的作用？所以有人建议，让人看不懂的电影，给予两条出路：一是干脆别放；一是导演组织一个“看得懂沙龙”，专门放给“小众”看。在我看来，这样的电影还是不拍为好。

# 63. “先生”这个称呼

“先生”是称呼，“女士”也是称呼，可“先生”不为男人所独占，不像“女士”是女人的专利。

宋庆龄是女士，可我们称她为宋先生，许广平是女士，可鲁迅称她为“广平兄”，我们称她为许广平先生。新近买了本杨绛女士写的书《我们仨，走到人生边上》，人民文学出版社在《出版说明》中，也称杨绛为杨绛先生。

男人，不管是伟人，还是平庸之辈，一概称之为“先生”；女人则不然，普通女人称“女士”，一旦成了伟人，或成就、或名气大到一定程度，她就从“女士”晋升为“先生”了。

显然，约定成俗，称某一“女士”为“先生”，是社会对这个女人的尊重。这样的约定成俗，沿用已久，好像没听说过有人对此提出非议。而我不以为然。每每见到称某某女士为“先生”的文字时，尽管我对这位“女士先生”敬爱有加，可我依然感觉不是个滋味，依然有一种愤愤不平。首先，我为被称为先生的女士鸣不平。你想想看，一个男人，只要他长大了，发育成人了，不管他有没有出息，总能不费吹灰之力得一个“先生”的称呼，而我们伟大的女士，成功的女士，了不起的女士，在这个世界上是屈指可数的，最后也和平庸的男人一样，得一个“先生”的称呼而已，而且还是口头上说说的，白纸上写写的，有一点“准先生”的味道。其次，我还为普天下的女士鸣不平，凭什么优秀的女性才称“先生”，普通的女性就是“女士”？为什么不让优秀的男性称“女士”，让普通的男性仍然叫做“先生”？分明是，男尊女卑的意思。所以，讲到底，说白了，称某某女士为“先生”，其实是对这位女士，乃至所有女士的不尊重。

在奴隶社会，社会分两种人，一种人为自由人，一种人为奴隶。在奴隶社会被消灭之前，在众多的奴隶之中，个别的奴隶也会由于某种特殊的原因，被解放出来，成为自由人。现在，我们把个别女性称为“先生”，是不是也有把这个人从女性中解放出来，让她成为男性——“先生”的意思在里边呢？假如人人平等，就没有解放奴隶之说；假如男女平等，就无需称某某女士为“先生”。

# 64. 一半传统，一半开放

出公差去厦门，顺便游览了陈嘉庚纪念胜地，包括陈嘉庚纪念馆、陈嘉庚故居、归来堂、归来园、嘉庚文化广场、嘉庚公园、鳌园。华侨陈嘉庚因创办实业、办学、爱国而出名，毛泽东题词称其为“华侨楷模，民族光辉”。而我对这位前辈更感兴趣的，恰是他的“一半传统，一半开放”。

照片上的陈嘉庚，身穿西服，却带着中国式的帽子。他所建的校舍，下半部分为欧式，上半部分为典型的中国建筑。他敢为风气之先为学生建游泳池，但男女有别，专供女生的游泳池建在室内，而把男生的游泳池建在了露天的海边。一半传统，一半开放，成了陈嘉庚先生的理念、风格和特色。一半传统，一半开放，是一种务实的态度，是可取的。数千年的中华传统，有精华，有糟粕，所以一味继承不好，一概否定也不好。西方的东西也如此，也是有好有坏的。所以统统拒之门外不妥，全盘照搬也不妙。如何是好，正确的选择便是一半传统，一半开放。这样才能把我们老祖宗好的东西留下来发扬光大，再把外国人好的东西也引进来，把两样好的东西放在一起，就可以互为补充，好上加好。

由传统和开放，我们可以联想到，世界上有许多东西是要一半一半才好的，是要结合了才好的，比如理论和实践，比如浪漫和现实，比如逻辑和形象。一个成功的政治家或企业家，必定是既有理论，又注重实践的。

一个好的文学家，必定是既有超强的逻辑思维，又有不差的形象思维。毛泽东曾经这样评价自己的性格，说自己“既有老虎的性格，又有猴子的性格”，正是这一半一半，正是这种完美的结合，才使他既像老虎一样勇猛，又像猴子一样灵活，成为一个伟人，一个胜利者。

## 65. 上衣上口袋

我对上衣的上口袋特有感情，因为那是插笔的好地方。记得当学生的时候，好像身上最值钱的东西就是上衣上口袋插着的一支钢笔。后来去报社当了编辑，用笔的机会更多，常常在上衣上口袋插三支钢笔。为什么要三支？因为吸墨水的钢笔常常会“断水”，必须另有一支备用；至于那第三支笔，是“红笔”，用来批改别人的文章的。再后来去电台做记者，用笔少些了，又恢复在上衣口袋仅插一支笔。

上世纪后几十年的上衣，包括衬衣和外套，都有可供插笔的上口袋，可进入新世纪以来，渐渐出现了没有上口袋的衬衣，没有上口袋的休闲西装，没有上口袋的皮衣，有的即便有上衣口袋，却浅浅的，仅是一种摆设，根本就插不了笔。我问店里的服务员，为什么尽卖些改掉或“改劣”上衣口袋的服装，致使穿衣人有笔无处插？服务员反问我：“现在还有几个人需要插笔的口袋？你只是例外，只是个案。”

我不知道，是因为插笔的人少了才出现上衣无上口袋或浅口袋，还是因为许多上衣没有了上口袋或深口袋才使人们改掉了插笔于上衣上口袋的习惯，反正我知道，现在胸前插笔的人是越见其少了，少得可怜了。

大量使用电脑，无纸化办公，大约是人们少用笔的重要原因。不用笔，就没有了一笔一画的写字。写字是和文化连在一起的，不写字，就会远离文化。新近有一位在中学当语文老师的朋友告诉我，他由于长期使用电脑而不写字，有时偶尔在课堂黑板上写字，竟然连常用字都不会写了，弄得在学生面前出洋相。老师都这样，更喜欢电脑的学生，不是会更不会写字了吗？这不是好现象，不是好兆头。科技的发展，应该同人文的进步协调才好，哪能进了科技退了人文？

上衣，除了睡觉时穿的汗衫和“睡衣”，还是有口袋且是深口袋可供插笔的好。这里就有两个问题。一个问题是，让我们都来多用笔，用笔的人多了，生产服装的企业自然会“社会生产为社会需要服务”，多多生产带有上衣深口袋的服装。另一个问题是，生产服装的企业，在制造物质产品，创造经济利益的同时，要多一点人文关怀，多一点社会责任感，就像新闻传媒引导舆论一样，以深深的上衣口袋引导人们插一支笔，多用手写字，防止退化写字的功能。

# 66. 以拙弄巧

有高就有低，有前就有后，有正面就有反面，有弄巧成拙就有以拙弄巧。巧，是我们要的，拙，是我们不喜欢的，可生活中难免有拙，如何是好，最好的办法是以拙弄巧。

几年前装修家住的房子，发现大厅里有一根柱子很难看，大有拙的味道，但这根柱子顶着承重梁，不可拿掉。既然去不了拙，那就在以拙弄巧上做文章。那位台湾设计师终于想出了点子：索性在对称的地方再造一个“拙”，然后以两边的“拙”为依托，架一个拱形门。这样一来，视觉效果甚佳，还把拱形门内外的区域巧妙地分了开来。1997 年开办公司时，有个腿不好的女会计前来应征。显然，腿不好是“拙”，但我蛮同情她的，便把她留了下来。如何把她的“拙”变成“巧”呢？我有意把她的座位安排在电话机旁，因为她腿不好坐得住，果然她既做好了会计，又顺便做了个优秀接线员。

细加分析，发现对付“拙”，通常有四种情形。一是“去拙”，比如嘴边有一颗饭粒，将它拿掉便好。一是“留拙”，比如背上长一颗痣，虽是“拙”，但留无妨。一是“弄小拙成大拙”，比如低水平的整容，往往越整越丑。一是“以拙弄巧”，比如上述两例。

弄巧，弄不好会成拙；有拙，弄好了能成巧。辩证法就是如此。懂得辩证法有意义，但光懂辩证法还远远不够，要做到弄巧成巧，以拙弄巧，还需要优良的创意和技能，不然就会弄巧成拙，弄小拙成大拙。还有，视情况，该简单的就简单，别“弄”了，“去”或“留”就够，就好。

## 67. 三百与三万

我是不喜欢出席演唱会的，尤其讨厌大型演唱会。哪位歌女的歌唱得好听，我大可在车上听CD；哪位歌女长得好看，也是可以在电视里见的。再说，马路上、商场里、高级宾馆里，美女多的是，只要留心观察，够你欣赏的。那种大型演唱会，人山人海，人挤人，乱哄哄，听也听不舒服，看也看不清楚，不去是最佳选择。可新近拗不过朋友的再三邀请，去苏州听莫文蔚、李宇春等歌女歌男唱歌。朋友对我说，你权当去感受一下气氛，看看社会上许多人喜欢的东西吧。可我实在受不了场子里的热闹，人人挥着荧光棒，拍着塑料做的“拍手”，那种壮观，那种疯狂，颇有当年红卫兵在天安门广场受接见的样子。没过三分钟，我就从场子里跑了出来，进入附近一家咖啡店，边喝着可口的咖啡，边等着那边散场，好同朋友们一起回家。

喝着咖啡，想起了几个月前在无锡听周国平的演讲。周国平讲的是《哲学与生活》，听众三百来人，票价最贵的才三百元，我花了三百元，就坐在第一排了。据说苏州的那场演唱会达三万观众，票价最贵的为三千元。这就是说，看歌女歌男演出的人数是听哲学家演讲的一百倍，票价是十倍。这样的数字，如此的差异，不能不让人感慨，不能不让人悲悯。

歌唱得好，人长得美，有人去听去看，本属正常，可去的人竟那么多，而且是在高票价的情况之下，这就让人费解了。中国人的收入水平并不高，一张票的价格已经是月工资的几分之一了。观众中有的人本来就是房奴、孩奴，现在又成了票奴了。相比之下，听哲学家讲座，性价比高得多，却少有人去。是哲学深奥，普通百姓听不懂吗？我想不是的，如今的年轻人，看演出的那些个人，学历不低的，应该听得懂哲学家的演讲，何况周国平讲的是《哲学与生活》，是把哲学生活化的，通俗化的。问题的关键还在于价值取向。在许多人看来，听歌开心，听哲学无味。殊不知，听歌只能一时乐一乐，不能像哲学一样，帮助我们提高思维能力，更加理性地面对人生和生活，从而带来长久的快乐和幸福。

歌还是可以听的，如果喜欢，自己唱唱也无妨，问题是大可不必那么热衷，那么高消费。哲学倒是人人用得着的东西，极大地关系到我们每个人的生活质量，关系到我们这个社会的进步和和谐。记得西方有个思想家讲过这样的话，一个崇拜歌星的民族是没有希望的，只有看重哲学的民族才有前途。我坚信，在我们这个古老的中国，乃至全世界，总有一天，听哲学演讲的人会多过听别人唱歌的人。

## 68. 谁是老百姓

每个人都有自己的姓，中国有百家姓，从这个意义上说，老百姓是大家的意思。有首歌叫《咱老百姓》，这里的老百姓似乎又不是所有人的含义，可以理解为有别于领导、富人、名人的普通人。

谁是老百姓，不同人的心理标准也不同：在高级领导看来，只要不是高级领导，统统是老百姓；在富人看来，穷人才是老百姓；在穷人看来，生活在生活底层的人就是老百姓。

中国的文字，有许多是不能就文字论文字的，只能意会，难以言传，“马列主义老太太”是一例，“公交优先就是市民优先”是一例，“老百姓”也是一例。市民，本来应该指全体居住在城市里的人，可“公交优先就是市民优先”里的市民，就特指买不起私家车的一群市民，官员除外，富人除外。在时下的中国，有一大批人，比如较为富裕的商人，比如有所成就的名人，比如工资收入颇高的 CEO 等，官员将他们看成是老百姓，老百姓又把他们看成非老百姓。在这里，谁是老百姓，成了一个问题。产生这个问题的原因是，中国人缺乏公民意识，所以给人分等级，所以有“老百姓”之说。

其实，老百姓这个词应该是公民这个词的中国说法。根据这样的理念，每一个人，不管他是谁，哪怕他是一国之元首，一国之首富，或者名闻天下的人，他也只是一个老百姓而已，只是百姓中的一姓而已嘛。

中国要依法治国、以德治国、以理治国，首先要明白一个理吧：谁都是老百姓，人人平等。

## 69. 文字也是生产力

有人说科技是生产力，有人说制度是生产力，我说文字也是生产力。

我有一个朋友擅长营销策划，说起来头头是道，一套又一套，可一写成文，就语不通顺，文不达意，每每打动不了客户的心。后来在我的劝说下，他聘了一位文字写手。这位写手将我朋友的创意写成美文，结果总能被客户欣然接受，高价成交。由此，我想到了文字也是生产力这个题目。

将"屡战屡败"改成"屡败屡战"，是文字的功劳。古代那个李斯在被驱逐途中给秦皇写了封信，便改变命运，重新受到重用，是文字的功劳。好的律师替案犯写的上诉书，常常可以减轻对案犯的处罚，是文字的功劳。这里的种种文字，尽管似乎跟生产力搭不上边，但无不关系到当事人的政治生命，实在是不亚于生产力的。

总而言之，文字的作用实在是大。我们知道，数学是理科的基础，语文是所有知识的基础。所谓语文，说到底就是文字，就是写作能力。所以，一个人，你无论是从事自然科学，还是社会科学，首先是要过好文字关的，只有过好了这一关，你才会看得懂别人写的，写得出自己想要说的。其实，别说搞文科理科了，就是日常生活，也是断断离不开文字的。我有一个文友，年轻时相中了一个女友，可他许多条件不如女方，眼看就要成单相思了，是他写给恋人的一百首情诗救了他——打动了对方的心，终成眷属。过去有个说法，叫做“学好数理化，走遍天下都不怕”，现在看来这句话是过时了，倒是写得一手好文章，方方面面、时时处处用得着。为生存，可当秘书，可做自由撰稿人；为发展，可以著书立说，成名成家。

人的社会，重要的是人与人之间的沟通，有了沟通，才能合作、互利、和谐，而文字是一种高于语言的表达，是沟通的重要武器。

话要说回来，有一点文字功底，学成了文字匠，不等于就能写出好文章。好文章必备三大条件：一是具有相当的思想水平；二是熟悉你要写的内容；三是文字表达能力。所以，书呆子和普通文人是写不出好文章的，写出好文章的必是思想家、政治家、军事家、企业家、艺术家等等的，各行各业的大家。譬如鲁迅，倘若他不是伟大的思想家，他能成为伟大的文学家，伟大的杂文家吗？这就提醒我们，万万不可满足于有一点文字基础，写作，更要靠社会实践，更要靠独立而深刻的思想。

## 70. 距离产生小偷

实践出真知。此话不假，标题上的这句话，就是笔者近期实践中获得的真知。

新近我在一家四星级酒店开了一个小书屋——在每间客房放几本书，在大堂设一书架。因书架要设计、制作，需要一段时间，故先将塑封的书放进了房间。这种做法效果不佳，销不了几本书，原因是开封即买，客人开封前不知书的质量如何，不愿盲目消费。后来进了书架，更多图书（包括客房内塑封的书）大堂有售，客房内的书就好销多了。可是因为大堂里的书架离总服务台距离较远，服务员的视线难以顾及书架，“图书自取，总台付款”就成了“书自取，钱不付”。几天下来，失窃的书比销售的书还多。于是把书搬到离总服务台三米处，果然距离解决了问题，在服务员的眼皮底下，偷书现象几近绝迹，图书销量大增。

前些天和朋友一起喝茶，也聊到距离的话题。朋友说，常言道“距离产生美”，其实，距离也会产生其他东西的，比如距离会产生二奶。他举例说，他有一位同学，原先夫妻感情还不错，只因两年前妻子出国定居，长期拉长了和他同学生活的距离，结果数月前他同学包了一个二奶。

塑封的书之所以难销，说白了也是那塑料纸造成了书和读者的隔阂，拉开了两者之间的距离。亲近亲近，近了就容易亲。“夫妻小别胜新婚”，这里的“别”有个前提，那就是“小”。要是大别、久别，真正拉开了距离，见都见不到了，哪来美？疏远疏远，一疏就远。那二奶近啊，所以就钻了空子，取而代之了。

回到题目上来——距离产生小偷。这就告诉我们，是偷还是花钱购，在许多情形下，往往不是一个人的道德水准决定的，恰恰是距离，即伸手会不会被捉决定的。人是复杂的，身上有自私的东西，有遵守道德规范的东西，在不同的场合，不同的制度背景下，常常会作出不同的选择。所以，制度好，坏人会变成好人；制度不好，好人会变成坏人。当然，个例不在其中。有人自成人的，在任何情形下，他都是好人。也有人教不成人的，在任何情形下，他都是坏人。就如同距离产生小偷，距离产生二奶一样，不是所有人受距离的影响。只是我们要清醒地意识到，相当部分的人，是受一时一事的环境影响的，切不可掉以轻心。

## 71. 讲理和利益

讲理和利益，并非风马牛不相及。在这个世界上，很多人讲理是为了维护自己正当利益的，所谓据理力争；也有的人，为了获取不该属于自己的利益，强词夺理，蛮不讲理。有没有把讲理和自己的利益脱钩的人呢？这样的人不多，但还是有的。笔者近日在飞机上就遇上了这样的一个人。我因粗心，坐错了位置，而这个座位正好是靠窗，又是处于紧急通道（宽敞），所以是个一般需要预约的好位置。几分钟以后，有人拿了票给我看，以示我误坐了位。我连声道歉，随即让座。不料说我错的人没要我“改错”，他说：“我只是想告知你坐错了位，没有要你换位的意思，省得麻烦，我坐你的位就是了。”这是一个典型的，把讲理和自身利益区分开来的人。

一个优良的社会，反对为了一己之私利，强词夺理，蛮不讲理；理解和允许为利益而据理力争；更加提倡为讲理而讲理，把讲理视为一种公益。在利益面前谦让，是一种美德。讲理也是一种美德。世界上各种各样的资源都是有限的，这就决定了利益是有限的，在有限的利益面前谦让，人们就会多一些和谐。而理，是无限的，人们将理传递给别人，自己并不会因此而少了一些。所以，讲理是零成本的，讲得越多越好，哪怕“广种薄收”也好。

我是很欣赏飞机上那位说我错又不要我“改错”的先生的。不要我“改错”是可敬，他不争利；说我错是可爱，他纯粹是为了讲清楚道理，以降低我以后再粗心大意坐错位的概率。

社会，是人的社会，在人的社会里可敬可爱的人多了，这个社会就美好了。

## 72. 咬文嚼字

小时候奶奶常对我说，吃东西要细嚼慢咽，这样才不会伤着肠胃，才利于消化吸收。我认可奶奶此话的道理，可我就是改不了吃东西狼吞虎咽的习惯。上学以后，听语文老师说，如同吃饭要细嚼慢咽，学语文要咬文嚼字，这样才能学好语法、逻辑、修辞，打好写文章的基础。老师的这番话我是接受了的，并身体力行，得益着实不少。

今晚陪妻女看由王朔编剧、冯小刚导演的电影《非诚勿扰 2》，尽管影厅里人头满满，笑声不止，可我觉得水一样的平淡无味。看着无聊，我就对影片中的话语咬文嚼字起来。且说三点。一点：由葛优演的男主角在朋友的离婚典礼上说："从今天起，你们两个从夫妻退回到熟人去了！"粗听起来，好像此话不错，两个人只有先熟了，才会结为夫妻，夫妻不做了，还是熟人。问题是，熟人不等于夫妻，但夫妻同样是熟人。"退回到熟人去了"，就有当了夫妻便不是熟人的意思，分明不合逻辑。熟人相对于夫妻来讲，熟人是大概念，夫妻是小概念，大概念是包含小概念的，所以夫妻只能退回到不是夫妻去，夫妻本身就是熟人，不存在退到熟人里去的问题。

二点：影片中演女主角的舒淇说，我对他只是好感不是爱。此话同样犯了逻辑错误。什么叫爱，爱是好感的最高形式，因此，好感包括爱。好感相对于爱，好感是大概念，爱是小概念。就像好和最好一样，好是大概念，最好是小概念，好包括最好，最好不包括好。

三点：电影里有这样的对白："什么叫美？""美就是心里有爱。"说心里有爱就是美，这样的定义显然说不通，顶多只是感受而已。美的定义是什么？编剧和导演没有借演员之口回答这个问题。我试想，美，应该就是人眼睛里的好看。我这样的说法，不一定正确，但至少是在给美定义，没有停留在感受的层面上。

也许有人会说，你这样看电影，还有什么乐趣？我可不这么想。我想，细嚼慢咽，利于肉体；咬文嚼字，利于精神。文字是文化的重要组成部分，咬文嚼字就是讲文化，讲文明，讲精神健康。动物只要身体健康，人需要身心健康。既细嚼慢咽，又咬文嚼字，倒是有点身心健康的味道的。

## 73. 新与价值

我穿皮鞋有个习惯，就是从穿上的第一天起，从崭新到旧，再从旧到破，中间从不换鞋，除非破旧的淘汰，换上新买的。几天前脚上的旧皮鞋实在不能再穿了，我去皮鞋店想买一双同一品牌同样款式的新鞋。可服务员对我说，不会超过半年，他们企业的品牌必定要更新款式的，你都把老款穿破了，至少一年了吧，怎么可能再买到同款式的呢？我无语。

尽管老款的皮鞋适合我我喜欢，可同一品牌的新款也不会差到哪里去，新代旧倒也无伤大雅。可伤脑筋的新代旧在如今的社会实在太多。试举两例。比如，现在的电影都讲档期的，错过了个把月，旧的就被新的取代。新近我很想观看的《赵氏孤儿》，就被我很不想看的《让子弹飞》取代了。再比如，当我用了一款手机，只要年把时间，再要去买同款的，必定没有了，因为厂家早已停产老款生产新款了。仅是模样变变倒也罢了，可恨的是操作方式也今不似昔，苦了我这样“反技术”的人，不知要花多少天多少工夫，才能勉强学会新品的使用方法。

在当今社会，我是一个吃足了新之苦的人，不由我思考新与价值这个命题。我思来想去，新这个东西，我们作为一个智慧的人，是不可以将它一概欢迎的，我们要不要这个新，首先得衡量一下此新有没有价值，以价值定取舍。比如新米的新是有价值的，因为新米比陈米口感好，营养好。

比如新车的新是有价值的，因为新车比旧车漂亮，通常情况下性能也好一点。然而，皮鞋的新款之新，就不一定有价值了，一般而言，它只是为新而新，迎合人们喜新厌旧的心理。至于手机的新款之新，常常伴随着使用方式的改变，除了麻烦消费者，具有负面的价值，大多没有积极意义。

放眼世界，今天的社会人们普遍浮躁。也许是这浮躁，引发了许许多多没有价值、没有意义的新。也许是这没有价值、没有意义的新，引发了人们的浮躁。

# 74. 十个保姆九个好

毛泽东说，凡有人群的地方都有左、中、右。老百姓常说，好人总比坏人多。因为好人多，所以才能团结大多数，打击一小撮。可是有部片名叫《保姆》的电视剧，却把保姆说成了十个保姆九个坏；生活中一些用惯了保姆的家庭，也说好的保姆十里难挑一。

近几年来，由于家庭经济大有改善，我家也用起保姆来了。屈指算来，大约也用了十个左右。这么说来，我家也换保姆，但原因大多不是保姆不好，是我们数月出差、保姆家中有变故等不属于人际关系的因素造成的。凭我们家用保姆的经验，倒是十个保姆九个好。我有时想，是不是我家运气好，才常常用到称心如意的保姆呢？细细思考又不对，十个保姆九个好的概率，已说明不是运气问题，已充分证明，保姆是好的居多的。可为什么来源于生活的文艺作品——电视剧，会反映那么多不理想的保姆呢？为什么周围一些朋友也有好保姆难觅的感慨呢？细加分析,大约有四大原因。其一是生人近处。所用之保姆，通常过去是不相识的，一个不相识的人一下子走进你的生活，天天和你相处在较小的空间里，相互间的不适应总是客观存在。大到价值观，小到生活习惯，保姆和所服务之家的人，难免有冲突。孰是孰非，很难定论，中间也没有人做裁判，在这样的情形下，最终解释权归用保姆之家的人。人大多缺乏自我批评精神，有了矛盾，自然反应是对方错。于是，莫名其妙地，是保姆的错，是保姆不好。其二，缺乏平等意识。有的人给保姆发了工资，就自以为高保姆一等，不让保姆同桌吃饭的有之，不让保姆直呼其名的有之，跟保姆说话不礼貌的有之。这样对待保姆，保姆自然不乐意，心里不痛快，干活就没劲，脸色就难看。于是，又是保姆不好。其三，总以怀疑的眼光看保姆，家里少了东西，一时查不出来，保姆是第一个“嫌犯”，“一嫌”，此人就不可爱了，就是“准”不好。其四，保姆难在要和服务之家所有人处好关系，一旦得罪了“先生”，或“太太”，或“小姐”，或“太太”她妈，哪怕其余的人以为她好也没用，她还得以“不好”的名声而走人。

分析问题是为了解决问题。有了上述对保姆“不好”的分析，我们就可以知晓，如同人群中好人居多一样，保姆也是好的居多。如同敌人大多是我们创造出来的一样，保姆的“坏”，大多也是我们创造出来的。我们既然需要保姆，那么就让我们来创造保姆的好吧！

创造保姆的好，其实一点也不难，只要如此如此就行。第一，要礼贤保姆。不是有“礼贤下士”之说吗？施礼之人，可以此在下士面前彰显美德，使其更加敬重你，同时可以此使下士大有被尊重的感受，从而激发做好工作的积极性。保姆来你家工作，虽然也有和你合作的意思，但毕竟领你的工资，有点“下士”的味道，你礼贤她，她就敬重你，她就有做好家务的动因，纯属正常。对保姆如何礼贤呢？可以多叫几声阿姨，可以多多问寒问暖，可以常常表扬表扬，还可以多给一些工资。第二，要有平等意识。进了一家门，就是一家人。不要把血缘看得那么重，不要把夫妻关系看得那么重，人与人，人际关系，本身就是天大的关系。保姆进了你家门，她陌生，她孤单，她弱势。同情弱者是美德，帮助弱者是应当的，至少要给予平等待遇吧，比如人格，比如同桌吃饭，比如共享家庭快乐的气氛。第三，要宽容。人难免犯错，保姆做事犯错在所难免，只要不是故意为之，当宽容。比如不小心打碎了碗，比如出门忘了上锁家中失窃，诸如此类。这些个错，我们自己也会犯的，没理由保姆犯了就不能接受。第四，要急保姆之所急。保姆出门在外，自己的家里就照顾得少了，常常会有些急事生出来，如老人病了，如儿子和媳妇吵大架了。这时候，要放她几天假，让她安心回家处理家中事。第五，要适当为保姆提供一点服务。见保姆累了，可以帮她敲敲背；见保姆上桌来，可以帮她端椅子、取筷子，等等。

道理极其简单，常识就是这样：你对保姆好，保姆就对你全家好。在你对保姆真心诚意地好，并付诸实施以后，你会发现，十个保姆九个好，甚至一百个保姆九十九个好。生活的辩证法就是如此！

# 75. 手指的价格

生命可贵，贵到无价。手指是生命的一部分，应当也是无价的。可在实际生活中，生命有价、手指有价的情形时有发生。电影《辛德勒的名单》里，就有富商出钱救下一批犹太人生命的故事；社会上就有黑社会花钱买凶夺人生命的案件。新近读女作家杨文隽随笔集《满载一街星辉》，读到这样一件事：一个打工妹受伤的手指本来可以接好，只因付不起五千元接指手术费，她选择了截指，截指只需五百元。

五千元减五百元是四千五百元。四千五百元，一个打工妹手指的价格。这个真实的故事让人心惊肉跳，让人深深思考。医院是救死扶伤的地方，哪能为了钱不救死扶伤？难道钱比生命还重要吗？有人穷得没饭吃了，没衣穿了，没学上了，我们的政府会扶贫，送米送衣，兴办希望学校。有人在医院付不起医疗费没命了，断指了，为什么就没有政府的专用资金，救人命，扶人伤？

什么都要有一个底线，救死扶伤就应该是道德的一个底线。没钱，医院就不救你的命，不扶你的伤，不治你的病，眼下似乎成了天经地义，没有多少人在谴责，也没有多少人在自责。世风日下，此明证也。为了让世风不再日下，为了让救死扶伤蔚然成风，我们在舆论上一定要守住这样一道底线。

好的东西是要有制度来保证的，救死扶伤也不例外。没钱就不治病救人，这样不好人们似有共识，但缺少制裁这种“不好”的制度。这样的“不好”没有成本，没有代价，所以这样的“不好”就会“不好”下去。

我甚至想，能不能立一个法，不允许人们在有能力的情况下不救死扶伤。据说，法律只能限制人的某些行为，“不能这样”，不能要求人们做些什么，“要这样”。从古以来，国内外的法律都是这样的。为了社会更加合理而和谐，法律的功能能不能改改呢？能不能在限制人行为的同时也要求人必须做些什么呢？比如救死扶伤。

# 76. 房 奴

当奴隶的日子不好过，所以才有奴隶起义，所以《国际歌》要号召奴隶“将旧世界打个落花流水”。当奴隶大多是被逼的，比如没钱葬父，卖身为奴。可竟也有自觉为奴的人，如今的“房奴”，就是这样的人。

什么叫“房奴”？“房奴”就是买不起房又偏要买房的人。他们不仅把以前的积蓄拿出来“首付”了，还向银行贷了款，准备以今后若干年的微薄收入归还之，于是节衣缩食，降低基本的生活质量，显出一副奴相。

“房奴”的日子确实不好过，可在哀其不幸之余，少不了有点怒其不争。没有人逼你做“房奴”，为什么硬要自投罗网呢？不是还有租房一条路可走吗？带着这个问题，我问过几个“房奴”，答复几乎一致：买下的房有产权，租来的房只有使用权。看来，这“产权”两字，就是“房奴”甘心为“奴”的病根所在。其实，这“产权”的功能，主要的还是使用而已，如果不去变卖，剩下的权利就是使用这一条。“房奴”们把唯一拥有的产权房变卖的可能性其实是微乎其微的。这么说来，产权和使用权就几乎只是名称上的区别了，只是心理上有一点不一样的感觉。

住，作为民生，和衣、食、行一样，是头等大事，但住不等于要拥有自己的房子。你看那个行，我们作为个人，没必要拥有自己的路，只要有公路可走就行。你看那个衣，只要有衣穿就行，“新三年、旧三年、缝缝补补再三年”，也不过九年而已，无需永远拥有。再说那个食，我们只要有吃的权利就行，新米还比陈米好吃呢，也是不必长久拥有的。想开了，别说衣食住行，就是我们人的生命，上帝也只是给我们有限期的使用权而已，到了“百年”，还不是要还给上帝。

去年在美国，应邀去一个亿万富翁家做客，不料主人告诉我，他所住的房子是租来的。这位富翁解释说，这座房子如果买下来要花一千万美元，而年租金只需三十万美元，也就是说，他每年仅花了房款总价的 3%，就同样享受了使用权，而他那一千万美元的现金，为他每年挣一百万美元几乎是确定无疑的，所以买房不如租房。在如此的房价和租价比面前，租是明智的，亿万富翁，买得起十套房的人都愿意租房，“房奴”们何苦而为之呢？刘少奇在上世纪 50 年代曾经说过：“造船不如买船，买船不如租船。”“文革”中我们批判过这句话，现在看来，刘少奇在当时也是实事求是。

把拥有权看得那么重，把使用权看得那么轻，其实是一种思维的误区。“房奴”们因了这误区，将付出数年乃至数十年的痛苦代价。

# 77. 谅解与理解

昨晚去看电影《新少林寺》，晚八点四十分，我准时进入影院。刚入座，就听到女声广播："观众朋友们，在电影正式放映前，我们先要放二十分钟广告片，请大家不要有意见，请大家理解。"

电影院在放映电影，收取票房收入以外，再放映广告片，获取额外的收入，这对影院来讲，肯定是一件划算的事情。可这样的做法，对不愿意看广告的人来说，无疑是一种强迫，是侵犯这部分人的利益的。在此情况下，影院应当表示歉意，请求谅解。"请大家不要有意见，请大家理解"就不对了。什么叫理解，理解就是解理，就是要懂得这个理。那么好，不理解就是不懂理。言下之意：影院在未经观众同意的前提下长时间地放广告，是理所当然的，观众不能有意见，有意见便是不懂道理。

在市场经济的条件下，影院为了多挣钱而侵犯一下观众眼球，浪费一点观众时间，观众尽管有一点小意见，大多也是谅解的。如果非要观众"不要有意见"，还要解影院的理，要理解，倒是不能接受的。

一个人，一个单位，一级政府，在日常的社会活动中，难免会自觉不自觉地做出一些对自己有利对别人不利的事来，只要不是原则问题，是可以请求对方谅解、原谅、宽容的，但切不可以错了还理直气壮，定要别人给予理解。只有在自己真理在握，正义在握，不失公平的前提下，自己的某些行为别人一时看不懂，缺乏正确认识，才可以提出要别人理解，以求统一认识，消除矛盾，解决问题。

前些年，流行一句话，叫做：“理解万岁！”这句话本身是不错的，本意是要我们大家解理、明理，统一价值观，达到人与人之间的和谐。如果我们把“理解万岁”，理解成不管我的所作所为是有理还是没理，是错还是对，别人都要理解，不要跟自己论是非，那就大错特错，那就会本来可以得到的谅解也失去，甚至产生激烈矛盾。

信笔至此，可以得出结论：对自己所做之事，先要分清楚对与错，如果错了，一要改正，二要请求谅解，切不可要别人理解。比如放电影先放大段广告，似乎有点不妥，最好是改正，假如不愿意改，至少要请求谅解，万不能硬要别人理解。自己错了要别人理解，就是错上加错，就是蛮不讲理。

## 78. “给力”现象

在2011年的冬春之交，报纸、广播、电视不约而同地推出“给力”之说，春节期间，亲朋好友发短信，“给力”、“给力”，纷纷而来。这“给力”是哪里来的？有说是网络语言，也有说来自于日本的一部动漫作品。

“英雄不问出处”，我们当然大可不必去追究“给力”的出处。但是，说“给力”有没有意义，是需要我们加以思考的。横说“给力”，竖说“给力”，说来说去，“给力”也就是出力的意思，无非就是这个词新而已，于是大家跟风，媒体是既跟风，又推波助澜。

“给力”流行是现象，本质是太多的人云亦云随大流。我们中国人常说的“行”、“好”，有人偏偏要以外国人的语言表述——“OK”；“再见”，也常被“拜拜”取代；还有无锡人说习惯了的“结账”，也被广东人的“埋单”取而代之；再有，不知什么时候开始，好多人拍照时总要伸出右手的两个指头，作“剪刀”状。凡此种种，均无进步意义，通通是没有头脑者的鹦鹉学舌，猴子学样。

人类社会发展到今天，科技的进步可谓日新月异，突飞猛进，进步之快简直不可思议。可惜的是，人文的东西，人本身的东西，进化得却是那么缓慢，甚至停滞不前，更甚至似有退化的迹象。跟风、随大流，人类已经数万年没有改掉这种动物性的老毛病了。据动物学家说，世界上所有的哺乳动物都有一个共同的习性，那就是趋众，跟着领头的跑。典型的是羊，领头羊走到哪里，群羊跟到哪里，所以牧羊犬只要控制了领头羊，就能控制一大片，就能“纲举目张”。羊等是低级动物，“跟着跑”情有可原，而人是高级动物，是有思辨能力的，怎么也“跟着跑”？不客气地说，大多数国人在这一“点”上停留在动物性上，他们拒绝进化。

动物学家做过一个有趣的实验：故意把一群羊的领头羊抓走，看看这群羊会怎么样。结果是，这群羊中立马自发产生了一只新的领头羊，其他羊照例跟着走。耐人寻味的是，那新的领头羊，并不是紧跟着在那原领头羊后面的“乖乖羊”，相反，恰恰是那群羊中最不守规矩，最不愿意跟着走，自觉不自觉要脱离“队伍”的羊。科学家反复实验，结果总是一样。这就成了的铁律：只有“不跟”，才有出息，才能“领头”。

人类，已经无一例外地进化得身后没有尾巴了，身上没有御寒的毛了。到何年何月，善于独立思考，不再是一部分先知先觉的人进化的结果，而是全人类进化的结果？！

# 79. 举报信

举报信曾盛于唐朝武则天时代，由此制造了不少冤案，巩固了女皇的统治。对那时的举报信，我不想评说。

在今天的中国，举报信好像更有市场了。究其原因，有政府的鼓励，有关部门公布了举报电话和举报信箱；也有许许多多的公报私仇，你争我斗。有了上下两个积极性，举报信满天飞也就不足为怪了。举报是一种监督机制，其正面的作用不言而喻，然而，不可否认的是，举报成了一些人攻击别人的武器，其消极的作用同样不言而喻。

新近听说，一个地级市的纪委，一年中居然收到一个只有二十多人的处级单位的两百多封举报信，其中有下级举报上级的，有上级举报下级的，也有同级间相互举报的。还有一个事业单位，二把手和三把手相互举报对方的经济问题，结果双双进了监狱，将一把手也拖下了水。在公务员的队伍里，你举报我，我举报你，已然成了常态和惯例。某某只要有风声要被提拔升官，被举报的信往往就随之而来，而那写举报信的人，十有八九是升官的竞争者，把别人拉下来，这个人就是最大的得益者。被举报的人不傻，一转念就能把举报人认出来，就是傻，收到举报信的人常常也会如实告之，因为这样可以做个人情，交个朋友，以备后用。举报者的下场只有一个，那就是创造了一个敌人，下次自己被这个敌人举报。

写举报信，出于公心的，这里暂且不说，此处单说出于私心的举报。有些人是把举报作为一种暗器的，总以为可以伤了别人而不露马脚，或满足了自己那颗妒忌的心，或取而代之把好处捞过来。可惜往往事与愿违，多行不义必自毙，发出去的举报信越多，自己被举报的概率也大大提高，结果等于举报自己，等于自残。《环球时报》近日报道，在十三亿中国人中，有病例可查的精神病人达到一个亿。在举报信多多的环境里，人与人必定和谐不了，精神病不高发才怪呢。前述那个二十多人一年产生两百多封举报信的单位里，现如今就有五个人住在精神病医院里。

# 80. 门上贴“祸”

每逢新年到，许多人家总会在自家的门上贴一个红红的“福”字，有的人还把“福”字倒贴，寓意“福”到了。门上贴“福”，只是人们对福的一种期盼，跟真正的有福与否没有丝毫的关系。新年门上贴“福”，是一种习俗，不新奇。新奇的是，春节期间我去拜访一位企业家朋友，见他家门上贴了一个黑黑的“祸”字。问其缘故，答曰：“惧者生存。我是用一个‘祸’字，提醒自己小心行事，别闯祸。只有避开了祸，才有福可言。”

门上贴“福”也好，贴“祸”也罢，自有张贴者的喜好和理由，我既不赞成也不反对。至于我自己，我是一概不贴的，因为在我看来，追福避祸均在我心里，大可不必将它张贴出来。形式是为内容服务的，贴“福”贴“祸”的形式都没有实际意义。但是，老实说，如果非要我在“福”、“祸”之间选一个字贴上门不可，我倒是会选那个“祸”字的。一来，“福”字家家贴，年年贴，没有一点新意，又有随大流的味道；二来，正如安全的地方无需写上“安全”一样，“福”字不写也无妨，而危险的地方写上“险”字，是有警示作用的，所以人生中难免的“祸”，写出来、贴上去、给人看，是有积极意义的。

新年说“祸”，恐倒人胃口，那好，我们来说“福”。2011 年的新年传出好消息，中国的 GDP 超过日本，名列全球第二。可惜也有一个坏消息，据媒体报道，有家权威的调查机构说，他们在全球一百五十五个国家作了人的幸福指数调查，结果中国排位一百二十五名，倒数第三十一名。幸福指数低得惊人，和那家家户户门上的“福”字，形成鲜明的对照，也可说是一种讽刺。由此我想说，门上贴“福”，愿望虽好，可无济于事，我们中国人民还是要把精力放在争取幸福上，而不是轻而易举贴一“福”，骗骗自己。

## 81. 无需免“贵”

“先生贵姓？”

“免贵，姓王。”

这样的对话，人们习以为常，似乎没人提出异议。在我看来，应当免“免贵”。我们每一个人的姓，不是自己独有的，她代表着家族和祖先，别人问你“贵姓”，尊重包括你在内的家族和你的祖先。所以，第一，你没权力代表你的家族和祖先“免贵”。第二，不管你身份如何，成功与否，和姓的贵贱是毫无关系的，你无需“免贵”。

事实上，说“免贵”的人无非是一种客套，是一种假谦虚，假如别人问你姓什么，姓前少一个“贵”字，说不定这个人还会不高兴，心里说别人不懂礼貌呢。中国是礼仪社会，因此出于礼仪，在别人的姓前加一“贵”字，不仅无可非议，倒是值得提倡的。问题是，被问“贵姓”的人，大可不必“免贵”，直接说出自己的姓氏便是了，反正你问别人姓的时候，也是加了“贵”字的。

和“免贵”有异曲同工之妙的还有“不用谢”。每当别人帮到了我，或为我做了有偿服务，我总喜欢说声“谢谢”，可常得到的回应是“不用谢”。真的不用谢吗？恐怕不。首先，谢者确有感恩之心，谢谢是真诚的，不是假客气。其次，不说谢是有风险的，说不定别人会想这个人不懂事，得了便宜“谢”声也无。对别人的谢，我是一概接受了的，我不说“不用谢”，只说“谢谢你的谢谢”，或说“你确实该谢谢我”。

由此可见，问“贵姓”也好，说“谢谢”也好，都是人之常情，文明礼貌；说“免贵”，说“不用谢”，大多都是客套而已，假话而已，不足信。

中国是一个潜规则盛行的地方，你问“贵姓”，我答“免贵”；你说“谢谢”，我说“不用谢”；诸如此类，也属于潜规则吧。潜规则总是没有明规则好，明规则早晚是要替代潜规则的。我们先来破破“免贵”、“不用谢”之类的东西吧。

## 82. 勇敢是个中性词

勇是中性词，敢也是中性词，勇敢自然就是中性词。

勇就是胆大，敢就是不怕。胆大不一定好，“胆大包天”颇有贬的意思；不怕也不一定好，惧者生存。

明白了勇敢是个中性词，我们就不该简单地提倡勇敢，以免有人不分青红皂白去“勇敢”。比如，贩毒是犯罪，大有坐牢和杀头的风险，有人宁愿“人为财死”，还自以为勇敢。比如，封建独裁者“官逼民反”，就是不肯乖乖下台，非要人民起义将他打倒，骨子里还把自己看成勇敢的人。

勇敢如同一把枪。枪是没有阶级性的，好人可以用它打坏人，坏人也可以用它打好人。勇敢也如此，勇敢也没有阶级性，敌对的双方都可以用。

说白了，要让勇敢成为一种好的品格，起到正面的作用，就得给勇敢设置前提。美国影片《洛杉矶之战》中有一个细节，一位将军对一个刚刚失去父亲的男孩说：“别哭，你要像你父亲那样，为他人而勇敢。”这样的勇敢才是正义的，才是有价值的，所以，“为他人”当是勇敢的前提。

## 83. 生病是健康之母

“有什么别有病。”说这种话的人肯定是把生病看成十足的坏事的。其实不然。为了防病于未然，为了把病扼杀在萌芽状态，现在流行定期体检，可有些病发病之前是检不出来的，非得患病以后才能确诊。生病利于发现病，此为生病的好处之一。生病的第二大好处是，可以及早治疗，并设法根除病之诱因。

笔者二十七岁时生了一场病——肾结核。医书记载，肾会生四种病，分别为肾炎、肾结石、肾结核和肾癌，肾结核是仅次于肾癌的比较严重的病。年纪轻轻就得此病，当时颇有大祸临头的感觉，如今二十多年过去了，回想起来倒是因病得福。经过半年的药物治疗，康复了。遵医嘱，我多年来多吃蛋白质，不吃猪肚子里的东西，不参加强体力劳动，保持心情愉快，结果中年的我体质比青年时好，体重也从过去偏轻的一百零六斤上升到如今适中的一百三十斤。

今年 4 月初，我突发多年体检没发现的心脏病，医生说遗传的可能性很大。于是药疗加食疗加休养，不仅控制了病情，还降低了原先偏高的血压，原先脱发严重，现在不脱反长新发，据说这些都是疏通了血管的功效。

一生中的两次大病，不仅没有摧垮我的身体，反而促使我了解了自己的体质，对症下药，对症进食，对症安排日常工作和生活，结果变得更加健康了。从这个意义上说，如同失败是成功之母一样，生病是健康之母。因此，当我们生病的时候，大可战略上藐视它，战术上重视它，不必惊慌失措，抓住生病的机遇，有的放矢地药疗、食疗、心疗，从而战胜它，争取更加健康。

话要说回来，我们说生病是健康之母，并不是鼓励大家去生病，对于病，还是防病于未然好，只是既然病了，则安之，则将它引到利于健康的轨道上来。

## 84. 上厕所的权利

上厕所的权利似乎是人人都有的，哪怕一个被剥夺政治权利终生的死刑犯，也不至于剥夺他上厕所的权利。但是，笔者前些时在医院的重症病房里，却被严禁起床上厕所，床头挂有“绝对卧床”的牌子。

被临时剥夺上厕所的权利，让我很是感慨。这使我想到，我们每一个人看起来天经地义拥有的种种权利，其实都是有条件的，只是在通常情况下行得通，不包括非常情况，非常时期。就像生存权吧，假如一个人犯了死罪，他就没有生存权了；假如在战场上，敌我都将对方置于死地而后快；假如严重的自然灾害，老天爷也是不管人的死活的；假如车祸，假如飞机失事，在种种假如面前，人是没有生存权可言的。就像运动员的比赛权吧，当赛场上的运动员严重犯规，裁判会判处取消比赛资格。

概括起来，人正常、合理的权利被剥夺无非三种情形，一曰自作自受。如得了重病失去了上厕所的权利；如杀了人，剥夺了他人的生存权，结果自己的生存权也被剥夺；如体育比赛犯规被取消赛权。二曰天灾和事故。如生存权在地震、洪水、车祸中丧失。三曰社会的不公和专制。昨晚看新闻，见到某个非洲国家的妇女在争取驾车的权利，有史以来，这个国家由于传统习惯和专制统治，剥夺了妇女开车的权利；再比如，在专制统治的国度里，人们是没有集会、言论、出版、选举等基本人权的。

人的种种权利是要靠维护和争取的，如何维护和争取，关键是要坚持三项基本原则。一是自律原则，就是不要触犯社会公德和法律，以免受到制裁，自己的某些权利被剥夺。二是防范原则，就是人类要做好自然灾害的预防，比如建好水利，以防旱灾和水灾，比如把房子建得坚固些，以防地震塌方压死人。三是抗争原则，就是对于社会的不公要抗争，要革命，不能一味忍耐，甘做奴隶。当然，这抗争的手段应该视实情而定，该用舆论的时候用舆论，该用法律的时候用法律，该用暴力的时候用暴力。一般而言，在民主制度的国度里，对于社会的不公，可以采用舆论和法律的武器解决问题，而对于专制，则只能通过革命，通过暴力将其推翻，所谓枪杆子里面出政权，所谓扫帚不到灰尘照例不会自己跑掉。

## 85. 无辜的“大处方”

医院里有个专有名词，叫做“大处方”。顾名思义，“大处方”的意思就是医生在一张处方上开的药品种或数量比较多，或价值比较高，别的城市我不知道，在无锡，是以五种药、五百元为界的，超五种药或五百元就是“大处方”。

近些年来，“大处方”的名声不太好，常常意味着：医院为了谋求自己的经济利益，不顾患者的利益，把本来只需开的“小处方”开成了“大处方”，弄得患者多花冤枉钱，如果可以报销，则损害单位或国家的利益。为了杜绝以小变大、弄虚作假的“大处方”，有关主管部门硬性规定，医生一律不允许开“大处方”。

不许开“大处方”，出发点好像没错，据说正面的效果也不差，可是一则副作用多多，二则“大处方”常被我们灵活的中国人化整为零，化大为小，最终积少成多再变回到“大处方”，从而使禁“大处方”变成了走形式，实际上禁而不止。先说副作用。新近笔者去无锡市某医院配治疗心脏病的常规药，被部分拒绝：我需要七种药，答曰最多只能配五种，我要配一千多元，答曰最多只能五百元，理由不是我这个患者不需要配这么多药，理由是如果医生配了，就是“大处方”，就是违规。我们大家想想，本来禁开“大处方”的初衷是预防小病大治，保护患者利益的，现在倒好，医院非要我大病小治，这哪里还有救死扶伤的味道，分明是在和病者过不去，最终医患双方两败俱伤。再说禁而不止的问题。医生告诉我，变通的办法还是有的，比如你可以再去挂一个号，或再去挂两个号，我可以为你开几次处方，以解决“大处方”问题，比如不足的部分你可以再到药店去买，比如你可以再到另一个医生那里开一个处方，等等，等等。总而言之，不许开“大处方”的规定是死的，而人是活的，总可以变着法子超越五种药、五百元。

显而易见，简单的禁“大处方”不合理，这样的规定折射出政策制定者思维的误区。只要细加分析，我们就可以发现，其实，“大处方”是无辜的，有辜的该是无病而治、小病大治。假如不该开药，那么十元钱的“小处方”也是错的；假如只需十元钱而开了二十元，那么这二十元也属于“大处方”；假如病情需要一千元的药，那么这一千元也不在“大处方”之列。所以，药方的好与坏、对与错、大与小，不在乎品种和金额，而在于是否对症下药，实事求是。如此看来，笼统地禁“大处方”，说轻了是犯了形而上学的错，说重了是一种不负责任。

小病大治的问题还是需要解决的，解决之道，可不是开所谓“大处方”的刀，以笔者之愚见，三帖药可以吃吃：坚持不懈的道德教育、切实可行的规章制度、认真的监管和严肃的处罚。

## 86. 开放的鸟笼

凡是动物，包括人，都是以食为天的，可以食为天的动物假如失去了自由，再好的美味佳肴，也不能让其快乐。天高任鸟飞，“笼中鸟”就是不自由的代名词。

新近在加拿大的一个居民区，见到数十个挂在门口树上的“开放的鸟笼”，这种鸟笼内装鸟类喜食的食物，但鸟笼的门是敞开的，鸟可以随时进来吃“免费的午餐”，又可以随心所欲地飞离鸟笼，回归辽阔的天空。显而易见，“开放的鸟笼”是加拿大人别出心裁的“鸟性化”处理。

把鸟关在笼子里，是人对鸟实施的专制统治，虽然给予食，但不是搞慈善，纯属是为了让鸟供自己欣赏，成为自己的宠物，至于鸟乐意不乐意，鸟的主人是全然不顾的。这就是强买强卖，不公平交易，结果是人赢了，乐了，鸟输了，苦了。“开放的鸟笼”告知我们，其实，人和鸟是可以共赢共乐的。你看，因为笼中有食，又来去自由，鸟自然乐意飞来驻足美餐，此时此刻，此鸟就无意中供人观赏，让人喜乐。无论是从市场上买来，还是从野外捉来，关在笼子里的鸟总是“独身子女”，品种单一，而且闷闷不乐，缺了故有的欢快和灵动，这就降低了供人观赏的价值。而那自愿飞来的鸟则不同，一来数量和品种多，二来尽显自然和可爱。由此可见，让鸟笼开放，既遂了鸟们的心，又让人们获得了增值的快乐。

“开放的鸟笼”，确乎是处理人鸟关系的经典之作。从中我们是可以得到启迪的，那就是如何更好地处好人际关系。人与人之间的关系要比人与鸟的关系复杂得多，因为人比鸟复杂。然而，只要人类把聪明用对了地方，人际关系复杂也无妨，照样可以处理得你好我好大家好。

人，因为不是神，所以有私心在所难免，但只要懂得不要让自己的私心损害到别人的利益，这种私心就不可怕，甚至还是创造世界的动力。“开放的鸟笼”，就是让人赏鸟的私心不有害鸟的身心。人与人之间亦如此，你要进步，别踩在别人的身上，你要赚钱，就得不卖假货，公平交易。

古今中外，为了不让人的私心，侵犯到别人的权利，社会注重道德教育和法制建设。在道德的教化下，有些人会觉醒良心，处处为别人着想；在法律的威慑下，有些人会因怕而不胡作非为。这就是德治和法制的功劳。但笔者以为，仅此远远不够，因为有的人“良心被狗吃了”，就是没德；有的人“狗胆包天”，坐牢杀头都不怕。此两类人私心就是重，在人际关系中非得多占便宜不可。所以，在德治和法治的同时，还要多用理治。道理可以让人懂得，“双赢”才是满足私心的最佳途径，才是性价比最高的。不是吗？在“双赢”的前提下，在获得自身利益的时候，既不要受良心的自责、别人道德的谴责，又不会触犯法律，受到制裁。

“开放的鸟笼”，不仅人性化，而且“鸟性化”，实乃聪明之举！如何处理人际关系，建立人间天堂？需要人类少一些相互欺骗和争斗，多一些你我他各方得益的“开放的鸟笼”式的大聪明、大智慧。这里，不妨讲个故事：元末明初，有两个少数民族部落为争夺附近仅有的一个水资源，连年打群架，双方死伤无数，严重影响了男耕女织的正常生活。后来有个叫奢香夫人的女政治家，把交战双方拉到一起，提出了一个两全其美的解决方案，就是那个水资源逢单归甲部落使用，逢双归乙部落使用，这样一来，大家都有水可用，再也无需争斗。值得深思的是，这位奢香夫人既没有教导双方谦让，又没有用法律威吓，只是讲了双赢的道理，想了个可以双赢的办法，问题就迎刃而解了。

治好一个病人，需要药疗、食疗和心疗；治好一个社会，需要法治、德治和理治。法治好比药疗，德治好比食疗，理治好比心疗。人间多一些“开放的鸟笼”，多一些奢香夫人分水的思维，多一些理治，和谐社会的到来才有希望！

## 87. 邻居的树

我家有个女主人姓金的邻居，前些年在自家的院子里种了一棵很大很大的桂花树，每当八月桂花香，香气袭人。金家种此树大概只是为了自家的需要吧，可实际的效果是，惠及了邻居——让我家的人也闻香识桂花。

惠及邻居的事在西方国家更是随处可见。我在法国和加拿大常常见到这样的情景：有人从店里买了花篮，不是把它放在家里，也不是把它挂在家门口，而是将它挂在了回家必经的小道的电线杆上或树枝上。这样一来，不仅自家人每天进出家门可以欣赏花的美丽，而且同走此道的邻居也能感受花的芬芳。假如每家每户把花篮挂在家里或家门口，那么欣赏到的只是一篮之花，而众邻居都把花篮挂在邻居们必经的小道上，则大家可以“见多识广”，更饱眼福。

由国外小道上的花篮，使我联想到过去的年代我们国家也存在的美好的邻里关系：一家有难众邻帮；哪家包了饺子，分送左邻右舍……

邻居的树，邻居的饺子，小道上的花篮，无不说明一个道理：在人的社会里，人人自私，大家获利便少；人人乐于施惠于人，大家得益便多。这就是说，自私其实是自害的，惠人其实是自利的。人，为什么是群体生活的，肯定是因为群体生活对人有利，可以相互帮助，取长补短。群体生活决定了每一个人必须为这个社会作出自己的贡献，惠及别人，而不是倒过来，只求索取，殃及别人。